员工遭遇不公正对待后的申诉和沉默研究

郑晓涛／著

立信会计出版社
LIXIN ACCOUNTING PUBLISHING HOUSE

图书在版编目(CIP)数据

员工遭遇不公正对待后的申诉和沉默研究 / 郑晓涛著. —上海：立信会计出版社，2019.11
ISBN 978-7-5429-6329-1

Ⅰ. ①员… Ⅱ. ①郑… Ⅲ. ①劳资纠纷—处理—研究—中国 Ⅳ. ①F249.26

中国版本图书馆 CIP 数据核字(2019)第 260745 号

策划编辑　窦瀚修
责任编辑　窦瀚修
封面设计　南房间

员工遭遇不公正对待后的申诉和沉默研究
Yuangong Zaoyu Bugongzheng Duidai Houde Shensu he Chenmo Yanjiu

出版发行	立信会计出版社		
地　　址	上海市中山西路 2230 号	邮政编码	200235
电　　话	(021)64411389	传　　真	(021)64411325
网　　址	www.lixinaph.com	电子邮箱	lixinaph2019@126.com
网上书店	http://lixin.jd.com		http://lxkjcbs.tmall.com
经　　销	各地新华书店		

印　　刷	江苏凤凰数码印务有限公司
开　　本	710 毫米×960 毫米　1/16
印　　张	14.25
字　　数	198 千字
版　　次	2019 年 11 月第 1 版
印　　次	2019 年 11 月第 1 次
书　　号	ISBN 978-7-5429-6329-1/F
定　　价	54.00 元

前　言

尽管所有的组织都在努力采取措施以使员工的公正感最大化，但是实践中员工仍无法避免产生不公正对待的知觉，例如不公平的薪酬、不合理的任务分配、性别歧视等。员工可以通过申诉表达他们的不满并要求改善状况，例如使用组织内的正式申诉程序，或是通过非正式的渠道与相关责任人进行沟通或协商。但在实践中，不少员工出于各种原因，选择隐藏不满，保持沉默。申诉和沉默被认为是员工遭遇不公正对待后最直接和最基本的反应方式。

以往针对员工申诉和沉默的研究仍存不足。例如，以往研究大多以西方发达国家为背景，这些国家大多已经具备完善的、多元化的劳动关系体系，而中国的劳动关系体系还相对脆弱；以往研究大多针对有档案可查的正式申诉，而事实上非正式申诉在组织内发生频次更高；以往研究大多认为遭遇不公正对待后，员工只有一次反应，要么申诉，要么沉默，而事实上员工可能存在一个反应路径，比如先使用非正式申诉，如果非正式申诉效果不佳，再寻求正式申诉；以往研究大多关注员工申诉后是否挽回了利益的损失，而事实上员工申诉后可能会进一步引发相关责任人的报复和补偿。

因此，本书通过建立一个员工遭遇上级或组织不公正对待后的反应模型，并通过定量方法重点考察下列内容：①当前员工遭遇上级或组织不公正对待的现状是怎样的？什么因素会影响员工遭遇不公正对待的知觉？②员工遭遇不公正对待后会采取什么样的反应路径？什么因素会影响员工反应路径的选择？③员工选择沉默的现状是怎样的？什么因素会影响员工的沉默水平？④如果员工选择了申诉来解决不公正对待，那么申诉效果是怎样的？并且什么因素会影响员工的申诉效果？⑤员工申诉是否会引发相关责任人的报复行为？责任人是否会给予额外的补偿以弥补员工的利益损失？什么因素会影响相关责任人对员工的报复和补偿？⑥员工的反应路径、申诉效果以及申诉后遭遇的报复和补偿是否会影响员工后续的工作态度和行为？

另外，本书为教育部人文社会科学项目“中国背景下员工遭遇不公正对待后的沉默——一个定性和定量的综合研究”(15YJC630191)以及上海市哲学社会科学项目“民营企业员工遭遇不公正对待后的申诉和沉默研究”(14FGL002)的阶段性成果。这两个项目为本书的数据调研和出版发行提供了支持。

本书在完成过程中，也得到了俞明传、谭黎阳和王绮三位同事以及研究生吕荣诚的支持和帮助，他们参与了研究问题的讨论、与管理者和员工的访谈、测量工具的开发以及成书的校对等工作。

最后，由于作者水平有限，经验不足，书中难免有缺陷和错漏之处，恳请广大读者批评指正。

目　录

第1章

绪 论

1.1 背景

尽管所有的组织都在努力采取措施使员工的公正感最大化，但实践中仍无法避免员工产生不公正对待(mistreatment)的知觉(Boswell 和 Olson-Buchanan，2004)。不公正对待是指组织内成员(例如公司管理层、上级或同事)向另一个成员采取不规范的负面行为或终止规范的正面行为(Cortina 和 Magley，2003)，例如不公平的薪酬、不合理的任务分配、性别歧视等。员工可以通过申诉表达他们的不满并要求改善状况，例如使用组织内的正式申诉程序，或是通过非正式的渠道与事件责任人进行沟通或协商。但实践中，也会有不少员工由于各种原因，选择隐藏不满，保持沉默(例如"敢怒不敢言")。申诉和沉默被认为是员工遭遇不公正对待后的最直接和最基本的反应方式(Withey 和 Cooper，1989)。

研究者普遍认为员工申诉对于组织具有积极效应(Hagedoorn 等，1999)。员工申诉一方面会帮助相关的劳动争议得到顺利解决，从而降低员工的焦虑感；另一方面也会帮助解决或纠正上级的管理方式或组织的管理体系中存在的问题(Sheppard，Lewicki 和 Minton，1992)。目前，国内的组织大多忽视申诉渠道和协商氛围的建立，这会导致员工遭遇的不公正对待无法得到有效解决。员工被迫采取沉默应对，一方面会负向影响员工的工作态度和工作绩效；另一方面随着负面情绪的堆积，组织内更容易诱发直接对抗和集体行为，甚至出现更多激进和极端方式的诉求表达，形成恶性的“忍耐—爆发”式的冲突模式（Cooke, 2013）。因此，本书以中国员工为研究对象，从员工遭遇不公正对待的具体事件出发，调查员工基于此不公正对待事件（以下简称不公正事件）的反应方式（申诉或沉默），分析员工采取此反应方式的原因，以及采取此反应方式后的影响结果。此研究对于更好地理解、预判和缓解中国组织内的劳动冲突具有重要的现实意义和应用价值。

在讨论员工申诉和沉默现象时，首先，需要界定一些边界条件，这样可使得问题更聚焦，且更有利于进行深入的分析。员工遭遇的不公正对待可能来自多方面，但考虑到上级（包括部门主管或经理）和组织（包括雇主或公司管理层）的决策往往对员工利益影响最大（郑晓涛等，2008），日常的监督管理和工作条件也被认为是员工申诉的最经常事项（Bacharach 和 Bamberger, 2004），因此，本书主要关注员工遭遇上级或组织不公正对待后的申诉和沉默。

其次，员工的申诉也可以借助组织外的第三方或中立机构，如调解委员会、仲裁委员会、法院等，但组织外申诉机构并非由员工所在组织构建并进行管理，因此，其运营效能并不在本书的讨论范围内，本书聚焦于员工在组织范围内的反应方式。

再次，现实中有些不公正事件可能会有群体性影响，例如公司无故调降原来的福利标准，会负向影响很多员工的利益，甚至引发一些群体性的申诉。但本书并非以单个不公正事件为研究对象，而是聚焦于单个员工遭遇不公正对待后的反应方式。

最后，考虑到不同国家的相关法律体系和工会发展程度会深刻影响该国组织内的员工申诉机制或程序（Walker 和 Hamilton, 2011），因此本书更多从管理学视角，暂不考虑相关法律体系的影响，而是考察一般情况下员工对不公正对待的反应方式选择。

综观现有文献，尽管组织中员工遭遇不公正对待后的申诉和沉默研究已经取得了不少成果，但仍存在一定的研究空间需要填补和充实。

（1）研究的系统性需要加强。根据 Olson-Buchanan 和 Bosewell(2008)以及 Klaas(1989)的观点，员工遭遇不公正对待后存在一个过程模型，如图 1-1 所示：a.某个事件触发员工遭遇不公正对待后的知觉，并将该事件认知为不公正事件；b.员工选择反应方式（申诉或者沉默）；c.该反应方式会进一步产生影响结果，包括申诉效果（申诉是否解决了争议）、是否引发不公正对待责任人的报复或补偿、是否进一步影响员工相关工作的态度和行为。以往研究较少基于此过程模型进行系统分析。

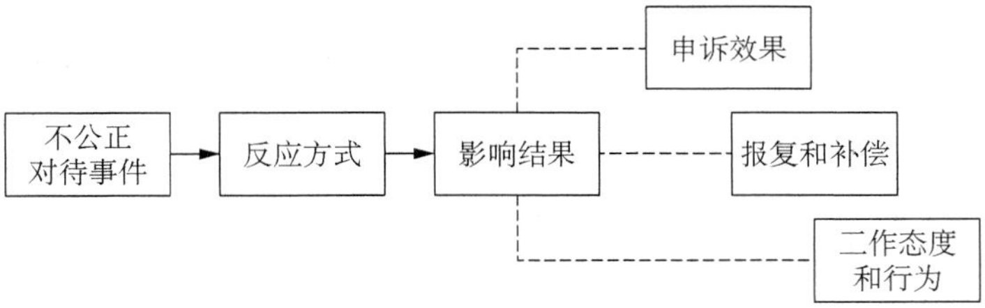

图 1-1　员工遭遇不公正对待后的过程模型

（2）研究的深度需加强。以往针对员工申诉和沉默的调查研究往往把员工决策过程简单化，且大多聚焦于正式申诉，而员工遭遇不公正对待的反应可能是一种反应路径，即员工可能存在多个决策阶段或反应方式。例如，员工先选择非正式申诉，当非正式申诉不能解决争议后才会选择正式申诉。以往研究较少考察员工反应路径的选择。因此，本书将员工遭遇不公正对待后在组织内的整体反应统一称为反应路径，并且员工的反应路径可能只有一个决策阶段的反应方式（申诉或沉默），也可能包含两到三个决策阶段的反应方式。

（3）研究背景有待丰富。目前，针对员工申诉和沉默的实证研究大多是在西方发达国家情境下完成的，这些国家的组织往往具备完善的劳动关系系统(Roche 和 Teague, 2012)。考虑到东西方文化和管理体制的差异(Mellahi, Budhwar 和 Li, 2010),中国员工遭遇不公正对待后知觉的触发、反应路径和影响结果与西方发达国家应不相同,但目前中国背景下员工申诉和沉默的研究还较为缺乏(Cooke, Xie 和 Duan, 2016)。

1.2 研究问题

基于上文的背景介绍,本书主要考察下列 3 个问题,这 3 个研究问题分别对应 3 个关键变量:不公正对待、员工反应路径、影响结果。

(1) 研究问题 1:当前员工遭遇不公正对待的现状是怎样的? 什么因素(比如员工的外向性、员工的力量、组织的集体主义文化等)会影响员工遭遇不公正对待后的知觉?

(2) 研究问题 2:员工遭遇不公正对待后会采取什么样的反应路径? 什么因素会影响员工反应路径的选择?

(3) 研究问题 3:员工选择的反应路径带来的影响结果是怎样的? 针对员工反应路径的影响结果应包括以下三个方面的研究问题:

① 如果员工选择了申诉来解决不公正对待,那么申诉效果是怎样的? 并且,什么因素会影响员工的申诉效果?

② 如果员工选择了申诉来解决不公正对待,由于涉及纠正不公正对待责任人的相关决策,在某种程度上会冒犯责任人的权威,那么是否会引发责任人的报复行为? 另外,如果责任人意识到了自己的决策的确对员工利益存在侵犯,那么责任人是否会给予额外的补偿以弥补员工的利益损失? 并且,什么因素会影响相关责任人对员工的报复或补偿?

③ 员工的反应路径、申诉效果以及申诉后遭遇的报复或补偿是否会影响员工后续的工作态度和行为?

1.3 理论模型

根据上文提出的员工遭遇不公正对待后的过程模型以及本书主要考察的3个研究问题，本书建立初步的理论模型，如图1-2所示。图1-2中涉及的相关变量的逻辑关系如表1-1所示。

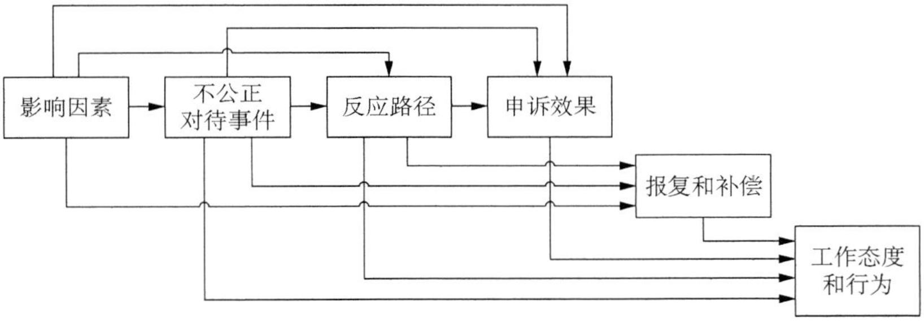

图1-2 初步的理论模型

表1-1 相关变量的逻辑关系

变量	主要逻辑关系
不公正对待	(1) 相关影响因素会影响不公正对待知觉的产生
反应路径	(2) 不公正事件的属性会影响员工选择什么样的反应路径 (3) 相关影响因素会影响员工在遭遇不公正对待后选择什么样的反应路径
申诉效果	(4) 员工选择的反应路径会影响员工的申诉效果 (5) 不公正事件的属性会影响员工的申诉效果 (6) 相关影响因素会影响员工的申诉效果
报复和补偿	(7) 申诉员工选择的反应路径会影响相关责任人对其实施的报复或补偿 (8) 不公正事件的属性会影响相关责任人对申诉员工实施的报复或补偿 (9) 相关影响因素会影响相关责任人对申诉员工实施的报复或补偿

（续表）

变量	主要逻辑关系
工作态度和行为	(10) 员工遭遇不公正事件后会影响员工后续的工作态度和行为 (11) 员工选择的反应路径会影响员工后续的工作态度和行为 (12) 申诉效果会影响员工后续的工作态度和行为 (13) 员工遭遇的报复或补偿会影响员工后续的工作态度和行为

第2章

文献回顾

根据绪论部分提出的3个研究问题和初步的理论模型，本章对以往员工遭遇不公正对待后的反应方式研究进行了回顾，回顾内容包括4个关键变量：不公正对待、反应方式（申诉和沉默）、反应方式选择的影响因素和申诉的影响结果，并指出以往研究的不足以及本书拟解决的问题。

2.1 不公正对待

2.1.1 不公正对待的概念

不公正对待是指组织内成员（至少一个，例如公司管理层、上级或同事）向另一个成员采取不规范的负面行为或终止规范的正面行为，例如不公正的薪酬、不合理的任务分配、性别歧视等（Cortina 和 Magley，2003）。也即，上级或组织的某些决策会影响员工的利益（包括显性利益，如收入；也包括隐性利益，如尊重），员工会将这些决策与自身认可的公正对待规范进行比较（米尔斯，2000）。类似于公平理论（Adams，1965）中，员工会将他们从工作中的获得（例如薪酬、晋升等）与他们在工作中的投入（例如努力、经验等）进行比较，或是与他人的获得与产出进行比较。由于上级或组织施加的不公正对待对员工利益的影响，都会被员工转化为工作场所的所得（同样，这些利益和所得可以是显性的，如货币收入；也可以是隐性的，如尊重需要的满足)，并和员工在工作场所的投入进行比较，因此，在本书中公正和公平内涵是一致的。

2.1.2 不公正对待的现状

Boswell 和 Olson-Buchanan(2004)邀请被调查者回忆过去 1 年中是否在组织内经历过不公正对待。“1 年”被认为是一个较佳的时间长度，可以最大限度地减少其他因素的干扰。而且“1 年”这个时间段也足够员工搜集信息来判断是否真的在组织内遭遇了不公正对待(Folger 和 Cropanzano, 1998)。郑晓涛等(2017b)针对员工遭遇不公正对待后的申诉调查也使用了此方法。

Olson-Buchanan 和 Boswell(2002, 2004)针对某大学教职工进行了两次不公正对待的调查，第一次 452 名员工参与了调查，其中 150 名员工(占比 33.2%)报告在过去 1 年遭遇了不公正对待；第二次 461 名员工参与了调查，其中 157 名(占比 34.1%)员工报告在过去 1 年遭遇了不公正对待。郑晓涛等(2017b)针对 250 名员工的调查中，有 184 名员工(占比 73.6%)认为在过去 1 年遭遇了上级或者组织的不公正对待。

2.1.3 不公正事件的属性

不公正事件的属性变量中得到更多关注的是不公正事件的类型、不公正事件的责任人和不公正事件的负面影响程度。

(1) 不公正事件的类型。Cooke 等(2016)针对 24 名一线员工的访谈发现，这些员工共提出了 13 类共 69 次不公正事件。其中，被提及比例最高的是薪酬(包括薪酬体系和社保福利等)，被 18 位员工提及，占被调查员工总数的 75%，占总触发事件的 26%。提及比例第二高的为上级的管理方式和上级的管理能力，被 16 位员工提及，占被调查员工总数的 66.7%，占总触发事件的 23.2%。其余 11 类分别为：任务分配(8 次)、单位福利(5 次)、工作时间(4次)、晋升(4次)、工作条件(3次)、工作纪律(3次)、绩效评价(2次)、工作保障(2次)、培训(2次)、健康(1次)、上下级关系(1次)。程延园和王甫希(2012)梳理了截至2009年的10年间的劳动争议数据后发现,劳动报酬、社会保险和解除劳动合同是产生劳动争议的主要原因。劳动报酬类争议一直占30%左右的比例,社会保险类争议平均占30%左右,解除劳动合同争议平均占20%左右,三类争议案件约占全部案件的80%左右。根据《中国统计年鉴》(2018)的数据,最近5年(2013—2017年),劳动报酬、社会保险和解除劳动合同仍是产生劳动争议的三个最主要原因。

(2) 不公正事件的责任人。考虑到员工在过去1年可能经历过多次上级或组织的不公正对待,Boswell和Olson-Buchanan(2004)的调查研究中请被调查者回忆对其负面影响程度最大的一次不公正事件并明确该事件的责任人。136名员工明确了不公正对待的责任人,其中67名(占比49.3%)责任人为上级,69名(占比50.7%)责任人为组织(或组织政策)。

(3) 不公正事件的负面影响程度。不公正事件的负面影响程度被认为是影响员工反应方式的最重要因素(Todor和Owen, 1991)。如果不公正事件的负面影响程度较小,则员工的反应也会较小;如果负面影响程度较大,则可能触发员工更激烈的反应(Olson-Buchanan和Boswell, 2008)。

2.1.4 不公正知觉的影响因素

Bacharach和Bamberger(2004)认为一些人口变量,例如性别、年龄、受教育程度、种族等较容易引发歧视,从而引发员工产生遭遇不公正对待的知觉。以往国外劳动争议的统计也发现,规模较小的公司报告了更多的员工申诉(Walker和Hamilton, 2011)。Klaas(1989)的申诉整合模型则提出组织的管理特征(例如违反劳动合同、对员工行为的严格控制等)也是影响员工产生不公正对待知觉的重要因素。

郑晓涛等(2017b)的实证研究调查了250名员工过去1年遭遇的上级

或组织的不公正对待，结果表明组织内申诉体系的有效性越低，则员工遭遇不公正对待的可能性越高；组织内的申诉体系的建设可以帮助组织从源头上减少相关劳动冲突或争议的产生。另外，该研究并没有发现员工力量对不公正对待知觉的影响，也即员工力量越强，则遭遇不公正对待的可能性越低并没有被该研究所证实。

2.1.5 不公正事件的影响结果

以往公平研究证实，当员工认为自己被公平对待时，则会从事更多的亲社会组织行为(pro-social organizational behavior)；而当他们发现自己没有得到公正对待时，则会产生愤怒的感觉，并会找机会对相关责任人进行报复(Colquitt 等，2001)。在以不公正对待为主题的研究中，Boswell 和 Olson-Buchanan(2004)的研究发现，相对过去 1 年未遭遇不公正对待的员工来说，遭遇不公正对待的员工报告了更多的组织退缩行为(即较高的离职意愿和工作搜寻行为)；并且，相比未遭遇不公正对待的员工，遭遇上级不公正对待的员工报告了更多的工作退缩行为(即较低的工作投入)。

2.2 反应方式(申诉和沉默)

2.2.1 申诉和沉默的概念

为了更好地理解员工申诉的概念，有必要将其与其他相似的概念进行比较。组织内部员工以上级和组织为最终沟通对象，并得到研究者较多关注的主要有 4 种员工声音：当员工遭遇上级或组织不公正对待时的申诉(grievance)(Withey 和 Cooper，1989)；以释放情绪或实现个人或人际关系为目的的向上级或组织的抱怨(complaint)(Kowalski，1996)；当员工对上级的工作方法或组织的政策、运营和实践持有不同意见时提出的异议

(dissent);当员工有改善工作或组织现状的想法时向上级或组织提出的建言(voice)(LePine 和 Van Dyne, 1998)。

异议和申诉在表现形式上基本相同,员工都表达了对于上级或组织的相关决策的不同意见,但员工产生异议的动机是多样的,例如员工表达异议可以是因为上级或组织的相关决定或政策影响了自身利益,也可以是对目前相关组织政策阻碍了企业效率提高的反馈(韩翼、谢怡敏,2015)。而员工申诉的产生往往是由于上级或组织的某些行为或决定对员工本人利益有负面的影响(McCabe 和 Lewin, 1992),因此要求上级或组织纠正相关行为或决定,故员工申诉应属于异议的一种形式。

抱怨更多是为了提醒上级或组织的注意,并没有使用正式程序(Torrington, 2008);而员工申诉从渠道上既包括非正式沟通,也包括使用组织内正式的申诉流程和工会等相关部门的正式参与和协助(Olson-Buchanan 和 Boswell, 2002)。因此,从沟通渠道上看,抱怨应属于申诉的一种形式。但是,抱怨有时是员工遭遇了不公正对待而表达的不满,并希望上级或组织改进错误或给予补偿;而有时只是为了发泄负面情绪或博取同情,并不寄望于上级或组织对相关决定加以纠正(Kowalski, 1996)。因此,从沟通动机上看,申诉应属于抱怨的一种形式。考虑到申诉和抱怨的沟通渠道和动机不完全相同,两者应是部分重叠的关系,例如当员工因为遭遇上级不公正对待而与上级私下沟通时,既属于申诉也属于抱怨。

申诉和建言存在不同的动机(Dundon 和 Rollinson, 2011),例如申诉是为了纠正上级或组织错误对自身利益的伤害(McCabe 和 Lewin, 1992);而建言则是为了提高部门或公司效率(LePine 和 Van Dyne, 1998)。两者在表现形式上也不完全相同,申诉是表达对上级或组织现有决定和政策的不同意见;而建言既包括对上级或组织已有相关决定或政策的不同意见(即抑制性建言),也包括为组织发展提出的创新型观点或思路(即促进性建言)(Liang 等, 2012)。但两者在影响结果上有时会完全相同,例如当员工遭遇上级不公正对待而向上级申诉时，申诉中除了表达对现状不满，有时会提出解决问题或改善现状的途径或方法(Frohman, 1997)，如果上级能够认可并加以改进，则这种申诉也达到了建言的效果。因此，申诉和建言也存在部分重叠。

图 2-1 展示了员工申诉与员工异议、员工抱怨和员工建言三者之间的联系，其中，A 为员工申诉、B 为员工异议、C 为员工抱怨、D 为员工建言。图 2-1 中，员工异议包含员工申诉；员工申诉与员工抱怨存在部分重叠；员工申诉与员工建言也存在部分重叠。表 2-1 为员工申诉与员工异议、员工抱怨和员工建言在动机、表达方式和渠道上的具体区别和联系。

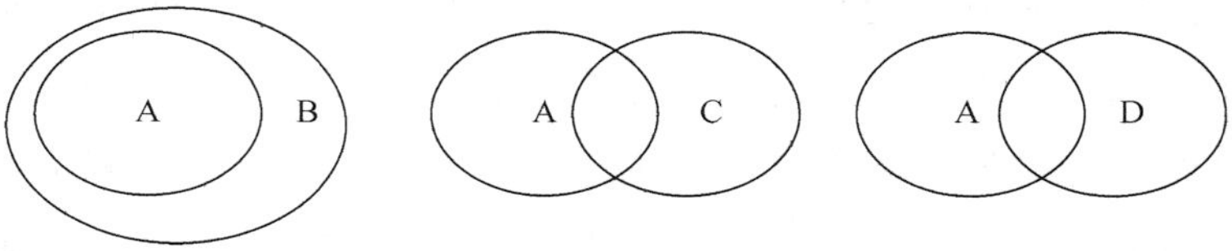

图 2-1　员工申诉与员工异议、员工抱怨和员工建言在概念范围上区别和联系

本研究参考 Dundon 和 Rollinson(2011)对申诉的界定，将申诉定义为员工遭遇上级或组织不公正对待后向组织内相关个体或部门表达不满以尝试解决争议或改善状况。相对应地，沉默则是对于遭遇的不公正对待，员工放弃申诉自己的不满。

表 2-1　员工申诉与员工异议、抱怨和建言在动机、表达方式和渠道上的区别和联系

概念	动机	表达方式	渠道
申诉	纠正上级或组织对员工利益的侵害(McCabe 和 Lewin, 1992)	表达对上级或组织已有相关决策的不同意见	正式或非正式
异议	纠正上级或组织某些决定或政策，这些决定或政策给员工利益带来了伤害，或阻碍了组织的发展或创新(Kassing 和 Kava, 2013)	表达对上级或组织已有相关决策的不同意见	正式或非正式

（续表）

概念	动机	表达方式	渠道
抱怨	包括纠正上级或组织对员工利益的侵害；发泄不满的情绪（Kowalski，1996）	表达对上级或组织已有相关决策的不同意见	非正式
建言	希望提高部门或组织效率（LePine 和 Van Dyne，1998）	表达内容中包括对上级或组织已有相关决策的不同意见（即抑制性建言）；也包括为组织发展提出的创新型观点或思路（即促进性建言）（Liang 等，2012）	正式或非正式

注：渠道中的“正式”是指沟通渠道由组织通过相关程序或流程加以设定；“非正式”是指沟通渠道由沟通双方自行决定。

2.2.2 申诉的类型与沉默的维度

（1）申诉的类型。根据是否使用组织提供的申诉渠道，申诉可以分为正式申诉和非正式申诉两类（Olson-Buchanan 和 Boswell，2002）。其中，正式申诉是指员工通过公司内工会、职工代表大会或人力资源部门等机构或部门依照正式程序进行投诉（Cappelli 和 Chauvin，1991）；非正式申诉是指员工与不公正事件的责任者直接沟通其利益主张（例如面对面和电子通信等），这类申诉由于没有使用组织提供的正式申诉程序则往往不被组织记录在案。

Luchak(2003)根据申诉中是否需要第三方参与或协助，将申诉分为直接申诉(direct)和代理人(representative)或间接(indirect)申诉。直接申诉是指在员工和不公正事件责任人之间直接发生的申诉（Marchington 和 Wilkinson，2001）。例如，员工发现其受到上级的不公正对待时，员工可以选择通过面对面的方式直接向上级陈述其利益受其侵害的事实，并提出其利益主张。相对应地，间接申诉则需要第三方（例如工会、职工代表或通过其他相关部门使用申诉程序）的参与或协助来帮助员工解决争议。例如，员工发现其遭遇了组织的不公正对待时，员工可以选择通过工会去和相关决策者协商解决争议。Luchak(2003)认为，相比间接申诉，直接申诉更灵活，并且不容易使争端升级。可以发现，这里的直接申诉等同于非正式申诉，而间接申诉等同于正式申诉。考虑到正式申诉和非正式申诉的表述更多站在组织管理者的角度，并且以往劳动关系研究中多使用组织中正式记录的申诉情况作为员工申诉的依据，本书倾向于使用正式申诉与非正式申诉的表述，并在后文中保持一致。

另外，正式申诉根据申诉机构的管理方的不同可以分为组织内正式申诉和组织外正式申诉。其中，组织内正式申诉是指申诉体系由组织自身构建并管理，比如组织内的人力资源部或工会等相关部门和程序；组织外正式申诉是指由组织外第三方(如劳动仲裁或法院等)相关机构来处理员工申诉。

(2) 沉默的维度。Van Dyne 等(2003)在员工建言情境中提出 3 种维度的员工沉默，即默许沉默(acquiescent silence)、防御沉默(defensive silence)和亲社会沉默(prosocial silence)，分别代表顺从、畏惧和合作 3 种动机。郑晓涛等(2017a)在此基础上将员工遭遇不公正对待情境下的沉默分为默许沉默、防御沉默和忠诚沉默 3 种，也分别代表顺从、畏惧和合作 3 种动机。其中，默许沉默是指员工预期自己的申诉无法改变现状而被动、消极接受利益被侵害的事实；防御沉默是指员工为了避免申诉后产生较严重的人际隔阂和报复，而选择有意识地自我保护；忠诚沉默是指员工放弃申诉，静待上级或组织主动改善环境和条件，或上级或组织通过其他方式主动对员工进行补偿。忠诚沉默除了参考 Van Dyne 等(2003)提出的亲社会维度外，也参考了 EVLN(exit, voice, loyalty 和 neglect)框架中的忠诚维度。

2.2.3 申诉和沉默的现状

以往研究针对员工申诉的调查中，由于正式申诉往往被组织记录在案，因此正式申诉得到了更多的关注。例如 Lewin(2005)总结相关数据后认为，在北美无工会存在的公司中大约每100个工人中会有5个提出正式申诉，有工会存在的公司的正式申诉比例则接近10%，是无工会公司的两倍。Colvin(2003)认为缺少工会的保护导致无工会公司员工使用正式申诉的比例较低；Dalton和Todor(2010)则认为是工会因为存在较高的经济和政治动机鼓励了员工选择正式申诉。国内研究者于米和佟安琪(2012)的研究同样发现，工会组建程度越高，则劳动争议案件越多，两位研究者认为这是由于工会覆盖率越高，则员工维权成本越低，从而鼓励更多员工选择正式申诉。

另外，Lewin(1987)针对三家公司员工的访谈研究发现，员工遭遇不公正对待并不会直接使用正式申诉，而是先通过非正式申诉寻求解决，如果不能得到期望的结果才会选择正式申诉。但是非正式申诉无法被公司记录下来，因此Lewin和Peterson(1988)估计在有工会存在的公司中，非正式申诉和正式申诉的比例为10∶1。

在Olson-Buchanan和Boswell 2002年的一次调查中，遭遇不公正对待并报告了反应方式的有137名员工，其中18人选择了直接沉默(占比13%)；81人选择非正式申诉(占比59%)，其中直接和不公正对待责任人沟通的有14人(占比10%)，通过上级和不公正对待责任人沟通的有47人(占比34%)，通过中立的第三方和不公正对待责任人进行沟通的有20人(占比15%)；38人选择了正式申诉(占比28%)，其中25人使用了组织内正式申诉(工会或正式申诉系统)(占比18%)，13人选择了组织外正式申诉(占比10%)。同时，两位研究者也设计了一个虚拟的不公正对待的场景，询问被调查者当遭遇不公正对待时会采用什么样的反应方式。结果表明，在441名被调查者中，有36名选择了直接沉默(占比8%)，有266名选择了非正式申诉(占比60%)，有139名选择了正式申诉(占比32%)。选择正式申诉的调查者中有76名选择了组织内正式申诉，占比17%；有63名选择了组织外正式申诉，占比14%。

Boswell 和 Olson-Buchanan 2004 年的调查发现，在遭遇不公正对待的 157 名员工中，针对负面影响程度最大的一次不公正事件，有 30 名员工（占比 19.1%）使用了组织内正式申诉；另有 127 名员工没有使用正式申诉，但该调查并没有深入了解这 127 名员工使用了非正式的申诉还是选择沉默。

中国研究者针对员工在遭遇不公正对待后的反应方式的调查还相对较少，其中刘湘国和袁仕福(2005)调查了认为自己遭遇过组织不公正对待的 255 名民企员工，选择向老板交涉（可以归为非正式申诉）的占 26.7%，找工会和向劳动管理部门反映（可以归为正式申诉）的占 27.9%，能忍则忍或找朋友老乡帮助解决（可以归为沉默）的则占到了 45.4%。类似地，杨建华和张秀梅(2009)设定“遇到变相克扣工资或欠薪时”的虚拟情境，询问农民工在此虚拟情境下的反应方式，调查结果发现，29.6%的员工选择沉默，而在选择申诉的员工中，34.5%选择找老板或领导理论（非正式申诉），45.5%选择工会或劳动保障部门（正式申诉），其他（向媒体求助等）占 20%。郑晓涛等(2017b)的调查发现，在遭遇不公正对待的 184 名员工中，有 40 人选择了直接沉默，占比 21.7%；只使用非正式申诉的有 40 人（既包括对非正式申诉结果满意的员工，也包括对非正式申诉结果不满意但并未继续选择正式申诉的员工），占比 21.7%；最终选择正式申诉的员工有 104 人（既包括直接选择正式申诉的员工，也包括对非正式申诉结果不满意并继续选择正式申诉的员工），占比 56.6%。

2.3 反应方式选择的影响因素

参考 Olson-Buchanan 和 Boswell(2008)的观点，员工申诉依次涉及三个基本决策阶段：是否知觉到不公正对待；如果认为自己遭遇不公正对待则选择申诉还是保持沉默；如果选择申诉则进一步选择非正式申诉还是正式申诉。影响员工申诉选择的变量包括员工的个人层面变量、组织情境变量和劳动市场条件变量三个方面(Bacharach 和 Bamberger, 2004)。而Klaas(1989)基于期望理论所提出的成本—收益模型被认为是解释员工申诉行为选择的更有效的模型,即当个体经历不公正对待后,如果员工尝试通过申诉解决争议或改善状况,就必须衡量申诉的潜在收益和成本,而收益和成本的信息主要来自员工自身或第三方的知觉和经验。

2.3.1 个人层面变量

个人层面变量得到更多关注的是员工的个人特征变量,例如性别、年龄、受教育程度、种族、工作经验和技能等。这些变量引发员工申诉的原因主要在于:

(1) 影响员工遭遇不公正对待的知觉,例如组织内不同性别、年龄、受教育程度、种族等较容易引发歧视从而引致正式申诉。

(2) 影响员工可选择的工作机会以及承担正式申诉风险的知觉,例如技能越高的员工有更多的工作机会,并且不惧怕因为正式申诉所带来的报复(Bacharach 和 Bamberger, 2004)。

因此员工申诉的早期研究往往聚焦于员工的个人特征变量对员工正式申诉行为选择的影响(Walker 和 Hamilton, 2011),但这类研究大多为基于现状的描述,缺乏一定的理论基础(Gordon 和 Bowlby, 1989),并且常常得到不一致的研究结论(Gordon 和 Miller, 1984)。例如 Peterson 和 Lewin(2000)在针对北美企业的研究发现申诉者多为接受过更好的教育并且从事更高技能的工作。Lewin(2004)针对无工会的企业调查发现,正式申诉者则大多为白人且没有接受过更好的教育,常常从事蓝领的工作。而针对英国企业的研究则发现,白人、男性、45 岁以上并且从事管理工作的员工更容易提出正式申诉(Hayward 等, 2004)。

另外,也有一些研究考察了员工忠诚对申诉行为的选择,并且发现忠诚的员工更不愿意使用正式申诉,所以可能遭遇沉默的苦恼(Boroff 和

Lewin, 1997)。Olson-Buchanan和Boswell(2002)则推断和组织有紧密联系的员工(例如对组织忠诚度更高的员工)更倾向于使用非正式申诉以寻求通过共识来解决争议,他们的研究结果也支持了他们的推断。更进一步,Luchak(2003)调查了429名员工的正式和非正式申诉行为,结果表明"情感忠诚"的员工由于担心正式申诉会损害其与组织的关系,而倾向于选择非正式申诉;而"计算忠诚"的员工更愿意投入更少的时间和精力,因此更倾向于通过正式申诉的代理人来完成申诉。类似的研究中,郑晓涛等(2017a)发现当员工遭遇上级不公正对待后,领导成员交换关系(leader-member exchange, LMX)与员工沉默倾向存在倒U型关系,即高LMX和低LMX情况下,员工更倾向于选择申诉,而中等水平LMX下,员工更倾向于沉默;当员工遭遇组织不公正对待时,合作劳动关系氛围与员工沉默倾向也存在倒U型关系,即高与低的合作劳动关系氛围情况下,员工更倾向于选择申诉,而中等合作劳动关系氛围情况下,员工更倾向于沉默。

2.3.2 组织情境变量

组织情境变量涉及员工对上级的管理方式、工作条件和组织的相关制度和政策的相关态度,这些变量往往通过影响员工遭遇不公正对待的知觉,从而引发正式申诉(Bacharach和Bamberger, 2004)。上级的管理能力被认为和员工的正式申诉存在比较稳定的负向关系,以往研究发现,提出正式申诉的员工要比没有提出者对于上级的工作能力认可程度更低(Allen和Kcavery, 1985);类似地,Bacharach和Bamberger(2004)调查了2 300多名员工最近1年提出正式申诉(也包括向相关部门或机构的咨询)的次数,发现上级的工作能力与员工的申诉次数负相关。另外,负性的领导管理方式(例如没有耐心、易怒、多疑等)(Bamberger, Kohn和Nahum-Shani, 2008)以及管理者采取不公平的分配方式(Barrett-Howard和Tyler, 1986)都被发现更容易引发正式申诉。而工作条件的变量大多是指工作负荷、工作技术以及工作中是否存在严格的工作流程和程序(Bemmels, Reshef 和 Stratton-Devine, 1991),Bacharach 和 Bamberger(2004)的研究就发现每周的工作时间越长则员工提出正式申诉的次数越多。Bamberger 等(2008)的研究则发现较长的工作时间和危险的工作环境都会引发正式申诉。最后,针对组织的相关制度和政策的研究中,Olson-Buchanan(1997)的研究发现,组织的招聘和绩效评价系统越公正,则员工提出正式申诉的可能性越低。国内的研究中,郑晓涛等(2017b)的研究则发现,对于遭遇不公正对待的员工来说,申诉体系有效性越低,选择沉默的可能性会提高,即便员工最终选择申诉,也更倾向于通过非正式申诉解决争议。

2.3.3 市场条件变量

市场条件变量中得到更多关注的是员工的工资溢价(即员工工资与类似岗位平均工资水平之间的差)和市场失业率。根据 EV(exit, voice)模型(Hirschman, 1970; Freeman 和 Medoff, 1984),工资溢价和失业率越高,则员工的退出成本越高,故员工会倾向于选择正式申诉解决争议,而非离职走人。例如,Cappelli 和 Chauvin(1991)的研究发现工资溢价和失业率正相关员工的正式申诉。Bacharach 和 Bamberger(2004)的研究同样发现,员工能力与工资溢价的交互项正向影响员工的正式申诉次数。相反地,Olson-Buchanan(1997)的研究则发现员工对于收入的满意度越高,则越不可能提出正式申诉。

2.4 申诉的影响结果

员工申诉的结果包括两个方面:申诉效果,即申诉完成后员工是否实现其利益主张;申诉的后续结果,即申诉发生后在短期和中期对员工其他利益的影响，例如绩效评价、晋升、离职等（Walker 和 Hamiltion，2010），在本书中被统一称为报复和补偿。

2.4.1 申诉效果

申诉效果包括申诉过程的满意情况和申诉结果的满意情况。由于非正式申诉很少被记录在案，因此研究大多聚焦于正式申诉的效果。由于不同国家、不同企业的相关法律、政策和程序、流程对申诉效果影响不同，所以正式申诉效果的比较也较为困难。

（1）申诉过程的满意。申诉过程满意也即对正式申诉体系有效性的评价。申诉体系是指组织内对于员工申诉在“何时、何地并且怎么样被解决”的相关政策和程序（Bemmels 和 Foley，1996）。“速度”和“满意”（Budd 和 Colvin，2008）被认为是评价申诉体系有效性的重要指标。“速度”涉及申诉完成的时间（Lewin 和 Peterson，1988）以及申诉终止的阶段（Dastmalchian 和 Ng，1990）。例如国外研究发现 60％的正式申诉结束在第一阶段（和上级的沟通），25％的申诉结束在第二阶段（工会代表与资方代表的会谈）（Lewin 和 Peterson，1988）。“满意”涉及体系的公平性（Walker 和 Hamiltion，2010），并且“公平”被员工认为比“速度”更重要（Lewin，1999）。另外，“容易使用”“公平和可信赖的”“安全，不会被报复”（Blancero 和 Dyer，1996）也常常被拿来作为申诉体系有效性的重要衡量指标。

（2）申诉结果的满意。以往研究发现，在北美工会情境下，员工往往会赢得对企业的申诉（Feuille 和 Hildebrand，1995）。另外，在具体影响因素上，使用加拿大员工数据的研究发现，申诉的早期阶段要比申诉的后期阶段更容易获得满意结果；高收入的员工要比低收入员工更容易获得满意的申诉结果；针对工作条件的申诉要比针对任务分配的申诉更容易获得满意结果（Ng 和 Dastmalchian，1989）。使用英国员工数据的研究发现，相比规模较大的公司，员工在规模较小的公司更容易获得申诉成功（Saridakis，

Sen-Gupta, Edwards 和 Storey, 2008)。最后,使用新西兰员工数据的研究发现,工会程度较高的区域,员工申诉成功的可能性更大(McAndrew, 1999)。就具体的员工申诉成功率来说,根据《中国统计年鉴》(2018)的数据表明,2017 年员工胜诉的比例为 32.9%,雇佣单位胜诉比例为 11.4%,其他为双方胜诉。和 20 世纪 90 年代比,员工胜诉率(例如 1995 年的员工胜诉率为 52%)已经大大下降。程延园和王甫希(2012)认为劳动者单方胜诉比例下降的原因,一是因为劳动者维权成本不断下降,出现劳动者过度维权、非理性维权的现象;二是雇佣单位劳动法律意识增强,管理制度逐步规范,提高了防范或减少劳动纠纷的能力。但是目前针对员工申诉结果满意的研究还缺乏系统的理论解释(Walker 和 Hamiltion, 2010),并且这些研究大多针对有档案数据可查的组织外正式申诉。

2.4.2 申诉的后续结果(报复和补偿)

当员工申诉完成后,可能会面临被申诉者的报复或补偿。

2.4.2.1 报复

根据 EVLN 模型(Farrel, 1983)可以看到:一方面,当给予员工申诉机会(或公司存在员工申诉机制)时,员工可以通过申诉解决利益侵害,雇主通过听取员工的申诉可以更容易发现组织中存在的问题,员工将更倾向于选择申诉而非退出,从而降低组织的离职率,并形成双赢的局面(Walker 和 Hamiltion, 2010)。但是另一方面,当员工向上级或组织表达其不同意见时,是存在一定风险的,该意见可能被忽略、被奖励或被惩罚(Graham, 1986)。当员工申诉被上级或组织认定为“无理取闹”时,常常被认为违反组织的非正式规则,而被贴上麻烦制造者的标签(Klaas 和 DeNisi, 1989),因此,根据组织惩罚理论和产业纪律理论,员工申诉行为对自己的影响结果可能是负面的(Lewin, 1987),相关责任人对于员工的报复可能会损害员工在组织中的地位、职业声望或人际关系(Waldron 和 Kassing, 2010)。针对报复行为的研究中,大多比较了员工选择正式申诉与否、使用申诉流程所停留的阶段、申诉的成功与否、申诉的对象(上级还是公司政策)等对员工绩效评价、晋升、离职等的影响。

首先,在使用正式申诉与否对申诉结果影响的研究中,Lewin(1987)比较了无工会情境下的 4 家公司在某年提出过正式申诉的 1 225 名员工和未提出的 1 230 名员工在第二年的记录,发现提出正式申诉的员工比不申诉者有更高的缺勤率和自愿与非自愿离职率,并且获得晋升的概率也更低。类似的研究中,Olson-Buchanan(1996)的调查发现选择正式申诉者要比选择沉默者得到更低的绩效评价和留职意愿。而 Olson-Buchanan 和 Boswell(2002)针对高校员工的调查发现,选择正式申诉的员工相对于使用非正式申诉的员工会表现出更多的工作搜寻和离职倾向。

其次,组织内的正式申诉流程往往包括几个阶段,初期一般只和直接上级进行协商,协商不成功则根据申诉流程继续进行,越往后则参与协商的领导级别越高,如果组织内部不能协商成功,则需要外部相关机构的介入(Dundon 和 Rollinson, 2011)。Lewin(1987)的研究就发现,在正式申诉流程的后面阶段才结束申诉的员工要比在第一个阶段就结束申诉的员工表现出更高的离职行为、并得到更低的晋升概率。

再次,申诉成功与否对报复行为影响的研究中,Lewin(1987)的研究发现申诉的结果对自己有利的员工要比申诉结果对公司有利的员工报告了更高的自愿离职率以及更低的晋升概率。Lewin 和 Peterson(1988)使用工会情境下的研究数据也得到了类似的结论。

最后,申诉对象对报复行为影响的研究中,Klaas 和 DeNisi(1989)选择一家国有单位,工作 2 年以上且至少有一次正式申诉的 217 名员工作为研究对象,研究发现:员工对上级的正式申诉会显著影响员工绩效的评价,而对组织政策的申诉则不会;另外,如果对上级的正式申诉获得了成功，则会负向影响员工的绩效评价，而对组织政策的申诉则不会。他们将此称为正式申诉的员工赢得了一场战役却输掉了整场战争。

尽管绝大多数研究都声称支持正式申诉会产生惩罚效应，特别是针对管理者的正式申诉常常引致管理者的报复。但仍有一些研究者提出，正式申诉者在申诉之后得到较低的绩效评价也可能是因为他们本来就是绩效表现较差的员工，但 Lewin 和 Peterson(1999)调查了申诉之前的正式申诉者和非申诉者的绩效情况，并未发现有显著区别，但申诉之后却产生了绩效评价的差异，正式申诉者得到了相对更低的评价，因此他们认为惩罚效应确实存在。

2.4.2.2 补偿

补偿是指责任人采取措施降低员工不公正感知觉的措施，具体可以分为工具性的补偿(instrumental remedy)(例如补偿金钱)、惩罚性的补偿(punitive remedy)(例如对相关责任人的惩罚)(Reb 等，2006)以及社会情感性的补偿(socioemotional remedy)(例如向员工道歉、承认错误等)(Zhu 和 Kou，2014)。

以往对补偿的研究大多针对员工遭遇不公正对待后发生的补偿，而非员工申诉后发生的补偿。例如，以往研究发现当遭遇程序不公平时，个体更偏向工具性补偿；当遭遇人际不公平时，个体更偏向惩罚性补偿(Reb 等，2006；Okimoto，2008)。社会情感性补偿和惩罚性补偿更有利于降低人际不公平；而工具性补偿更有利降低信息不公平(Zhu 和 Kou，2014)。

2.5 小结

综观现有文献，尽管组织中员工遭遇不公正对待后的申诉和沉默研究已经取得了较多成果，但仍存在一定的研究空间需填补和充实。

（1）研究背景有待丰富。目前关于员工遭遇不公正对待后的反应研究大多以发达国家为背景，例如美国、英国、澳大利亚等，这些国家大多已经具备完善的、多元化的劳动关系体系。而中国的劳动关系体系和西方发达国家相比存在显著不同（Cooke，Xie和Duan，2016），因此，中国情境下员工遭遇不公正对待后的反应路径的现状、成因和影响结果可能和西方并不相同。

目前国内针对员工遭遇不公正对待后的反应研究大多为针对劳资冲突处理和劳动争议解决的法学研究，或是使用小样本访谈为方法的定性研究以及基于官方统计年鉴中劳动争议和仲裁数据进行的宏观分析研究。使用宏观的二手数据一方面无法开展更深入的个性化研究，另一方面考虑到很多劳动冲突并非发展到仲裁的阶段，从而无法深入了解当前企业劳动冲突的实际情况（Cooke，2008）。因此，开展以中国情境下员工微观个体为研究对象、聚焦于员工遭遇不公正对待后反应路径、使用大样本问卷调查方法的定量研究具有一定的理论价值和实践意义。

（2）缺乏对当前员工遭遇不公正对待情况的调查。目前对中国情境下员工遭遇不公正对待的调查数据大多来自政府发布的劳动争议仲裁（属于组织外正式申诉）的统计报告，因此并不清楚当前员工遭遇不公正对待的整体情况，包括这些不公正对待的属性（例如类型、责任人和对员工的负面影响程度），以及什么因素会影响员工遭遇不公正对待的知觉。国外的相关研究也往往将是否遭遇不公正对待和反应方式混在一起，故常常导致研究结果存在不一致的现象。例如人口特征变量（例如年龄、性别等）对申诉行为影响的相关研究中，无法明确是因为这些人口特征使得员工更容易感知到不公正对待，还是当他们遭遇不公正对待后更倾向于使用正式申诉。

因此，本研究将区分不公正对待知觉和反应方式，并借鉴了Boswell和Olson-Buchanan（2004）的方法，调查员工不公正对待知觉的现状和影响因素(具体见第4章不公正对待)。

(3) 反应路径缺乏规范的调查。目前针对员工反应路径的调查没有统一的范式,导致各个研究成果之间的比较存在困难。

首先,绝大多数调查研究通过设计一个员工遭遇不公正对待的虚拟情境,并询问员工在此情境下的反应倾向,而非调查员工实际的反应行为,例如王松(2010)的研究是询问农民工在工资少发或晚发的情境下可能选择的反应方式。

其次,尽管刘湘国和袁仕福(2005)以及Olson-Buchanan和Boswell(2002)调查的都是员工的实际申诉行为,但这两个研究只是笼统询问员工选择的反应方式,而员工1年中可能遭遇多次不公正对待,小到语言粗鲁冒犯,大到肢体冲突(Yang等,2014),对于不同类型的不公正事件,员工选择的反应路径可能并不相同。

再次,各个研究提供给员工的反应方式选择不一致。例如王金红和黄振辉(2008)、王松(2010)以及刘湘国和袁仕福(2005)提供的反应方式选项都有"找老乡"和"找朋友",但不清楚是员工找老乡或朋友倾诉后保持沉默还是在老乡或朋友的支持下选择申诉;另外很多研究都提供了"制度外"申诉方法(徐晓明、刘静和边超,2010),例如媒体、静坐等,但不清楚员工是采取正式或非正式申诉无效后才采取这些制度外方法,还是直接选择了制度外方法。

最后,一些研究将申诉还是沉默、正式申诉还是非正式申诉混在一起,将正式申诉等同于申诉,并且和沉默对立起来,认为员工遭遇不公正对待后,要么选择正式申诉,要么就选择沉默。例如Boroff和Lewin(1997)的研究表明忠诚的员工不愿意使用正式申诉,并且认为员工可能遭遇沉默的苦恼,但该研究却忽略了非正式申诉,因此忠诚的员工即便不选择正式申诉但仍可以通过非正式申诉解决争议,也就未必会有沉默的苦恼。类似地,Olson-Buchana(1997)的实验研究同样只给了被调查者正式申诉和放弃申诉(沉默)两种选择。

因此,本研究将开发员工组织内反应路径的测量工具(具体见第 3 章研究设计),并使用此测量工具对中国情境下员工遭遇不公正对待后的反应路径进行调查(具体见第 5 章反应路径)。

(4) 缺乏对员工沉默的深入研究。从上文列举的申诉和沉默的现状调查可以发现,沉默是中国员工在遭遇不公正对待后的一个重要选项。EVLN 框架中除了“voice”,其他选择都可以被认为是沉默的表现形式,其中忠诚是指员工静待组织自身改善环境和条件,员工的工作投入不发生变化;忽视代表员工不关心组织利益,降低工作投入任由状况恶化,甚至更极端的退出。但以往研究常常将沉默和非正式申诉混在一起(例如 Boroff 和 Lewin, 1997),并且很少对沉默进行更深入的多维度考察。

因此,本研究将借鉴郑晓涛等(2017a)的员工沉默三维度构思,从动因角度考察影响员工沉默水平的因素(具体见第 6 章员工沉默)。

(5) 缺乏对员工申诉效果的深入考察。正如上文所述,目前针对员工申诉结果满意的研究还缺乏系统的理论解释(Walker 和 Hamiltion, 2010),并且这些研究大多针对有档案数据可查的组织外正式申诉,因此对于组织内发生比例更高的非正式申诉、组织内正式申诉的申诉效果情况并不了解。

本研究则调查了员工组织内申诉效果的现状,并探索、验证了相关变量对员工组织内申诉效果的影响(具体见第 7 章申诉效果)。

(6) 缺乏对报复和补偿的深入研究。以往研究已经证实了不公正对待责任人会对申诉员工实施报复的现象,并且发现申诉的相关属性变量如申诉类型(正式申诉与否)、责任人类型(上级还是组织)、申诉成功与否、正式申诉的阶段等会影响责任人的报复行为,但很少考察其他情境变量(例如组织的集体主义文化、威权领导等)对责任人实施报复的影响。

目前补偿的研究已经证实了补偿内容有利于缓解不同类型的不公正

感，但研究者并未从公开和私下维度对补偿进一步考察，例如有些补偿是在员工申诉中公开承诺的，这种补偿常常被员工归为申诉效果的一部分，而有些补偿则是未承诺员工的额外补偿，这种补偿形式则很少被研究者所关注。另外，这些研究大多证实了补偿的积极效应（即对不公正感的降低），但很少关注其他情境变量对责任人实施补偿的影响，比如组织的集体主义文化、威权领导等。

因此，本研究调查了责任人的私下报复和补偿的现状，并探索、验证了相关变量对报复和补偿的影响（具体见第8章报复和补偿）。

第3章

研究设计

本课题旨在探索并建立中国情境下员工遭遇不公正对待后的反应路径、影响因素以及影响结果的理论模型，并使用实证数据验证理论模型的有效性。因此，本课题的研究方法总体上采取基于问卷调查方法的实地研究。即以在职员工为样本，使用问卷调查的方法获取理论模型中相关变量的数据，通过数据拟合来验证相关变量的因果关系。基于此，本章主要阐述两个部分的内容：调查对象、抽样方法和样本结构；问卷设计、变量测量以及变量的信效度检验。

3.1 调查对象、抽样方法和样本结构

3.1.1 调查对象的确定

由于本课题研究是考察中国情境下员工在组织内遭遇的上级或组织的不公正对待，以及之后的反应路径和影响结果，因此问卷的调查对象锁定为中国境内各类组织的在职员工，并且不限制行业和单位性质。

3.1.2 抽样方法的选择

本课题研究的数据来源为委托专业的调查平台——长沙冉星信息科技有限公司旗下“问卷星”产品(www. wjx. cn)。“问卷星”是国内最早也是

目前最大的在线问卷调查、考试和投票平台，自 2006 年上线起至 2019 年 11 月 14 日，用户累计发布了超过 4 984 万份问卷，累计回收超过 34.56 亿份答卷。

3.1.3 样本结构

本次调查共发放问卷 707 份，回收有效问卷 620 份。具体的调查渠道、问卷发放数、有效问卷数、无效问卷数以及有效问卷率如表 3-1 所示。调查样本的结构如表 3-2 所示。

表 3-1 问卷发放与回收统计 单位:份

序号	调查渠道	问卷发放数	有效问卷数	无效问卷数	有效问卷率
1	安 徽	14	13	1	92.9%
2	北 京	52	46	6	88.5%
3	福 建	26	19	7	73.1%
4	甘 肃	1	1	0	100.0%
5	广 东	115	108	7	93.9%
6	广 西	16	11	5	68.8%
7	贵 州	1	1	0	100.0%
8	河 北	19	18	1	94.7%
9	河 南	34	32	2	94.1%
10	黑龙江	3	3	0	100.0%
11	湖 北	19	18	1	94.7%
12	湖 南	14	13	1	92.9%
13	吉 林	5	5	0	100.0%
14	江 苏	63	51	12	81.0%
15	江 西	15	14	1	93.3%
16	辽 宁	33	28	5	84.9%

（续表）

序号	调查渠道	问卷发放数	有效问卷数	无效问卷数	有效问卷率
17	内蒙古	6	5	1	83.3%
18	宁　夏	1	1	0	100.0%
19	山　东	56	48	8	85.7%
20	山　西	8	7	1	87.5%
21	陕　西	5	2	3	40.0%
22	上　海	121	111	10	91.7%
23	四　川	13	10	3	76.9%
24	天　津	13	10	3	76.9%
25	新　疆	3	2	1	66.7%
26	云　南	2	2	0	100.0%
27	浙　江	42	34	8	81.0%
28	重　庆	7	7	0	100.0%
	合　计	707	620	87	87.7%

表 3-2　样本结构表

项目	类别	总体样本（N=620）		遭遇不公正对待（n=382）		未遭遇不公正对待（n=238）	
		人数	百分比	人数	百分比	人数	百分比
性别	男性	269	43.4%	167	43.7%	102	42.9%
	女性	351	56.6%	215	56.3%	136	57.1%
年龄	25 岁及以下	57	9.2%	33	8.6%	24	10.1%
	26～30 岁	205	33.1%	134	35.1%	71	29.8%
	31～40 岁	288	46.5%	183	47.9%	105	44.1%
	40 岁以上	70	11.3%	32	8.4%	38	16.0%

（续表）

项目	类别	总体样本（N＝620）		遭遇不公正对待（n＝382）		未遭遇不公正对待（n＝238）	
		人数	百分比	人数	百分比	人数	百分比
受教育程度	高中及以下	15	2.4%	8	2.1%	7	2.9%
	大专及本科	531	85.7%	334	87.4%	197	82.8%
	硕士及博士	74	11.9%	40	10.5%	34	14.3%
累计工龄	1 年及以下	46	7.4%	19	5.0%	27	11.3%
	1～3 年	137	22.1%	92	24.1%	45	18.9%
	3～5 年	176	28.4%	118	30.9%	58	24.4%
	5～10 年	165	26.6%	96	25.1%	69	29.0%
	10 年及以上	96	15.5%	57	14.9%	39	16.4%
与上级共事时间	1 年及以下	67	10.8%	27	7.1%	40	16.8%
	1～3 年	223	36.0%	160	41.9%	63	26.5%
	3～5 年	206	33.2%	125	32.7%	81	34.0%
	5～10 年	96	15.5%	55	14.4%	41	17.2%
	10 年及以上	28	4.5%	15	3.9%	13	5.5%
单位性质	行政事业单位	46	7.4%	24	6.3%	22	9.2%
	国有企业	163	26.3%	101	26.4%	62	26.1%
	民营企业	333	53.7%	206	53.9%	127	53.4%
	三资企业	78	12.6%	51	13.4%	27	11.3%
行业性质	制造业	370	59.7%	240	62.8%	130	54.6%
	服务业	250	40.3%	142	37.2%	108	45.4%
单位规模	20 人及以下	13	2.1%	3	0.8%	10	4.2%
	20～100 人	122	19.7%	72	18.8%	50	21.0%
	100～300 人	196	31.6%	130	34.0%	66	27.7%
	300～1 000 人	170	27.4%	103	27.0%	67	28.2%
	1 000 人及以上	119	19.2%	74	19.4%	45	18.9%

3.2 问卷设计、变量测量以及变量的信效度检验

3.2.1 问卷设计

由于本次调查的数据为横截面数据，故在考察相关变量间的因果关系时仍存在较大的局限性。因此，在设计调查问卷时，根据本研究的理论模型充分考虑了变量间的影响关系。本次调查的问卷由下列几个部分构成：不公正对待、反应路径（也包含了申诉效果）、报复和补偿、相关工作态度和行为、其他影响因素（例如员工的性格、力量等）、人口统计变量。具体填答顺序如下：

（1）询问被调查者过去1年是否遭遇过不公正对待。

（2）如果遭遇过不公正对待，则回忆对自己负面影响最大的一次不公正事件，并按照顺序依次填答此不公正事件的属性、在此不公正事件后的反应路径、在此反应路径后经历的相关责任人的报复或补偿。

（3）如果没有遭遇不公正对待，则填答虚拟的遭遇上级以及组织不公正对情境下的反应倾向。

（4）不管是否遭遇不公正对待，都需填答当前的相关工作态度和行为，以及其他影响因素和人口统计变量。

因此，本次调查获得的数据虽然是横截面数据，但在问卷设计中充分考虑了变量发生的顺序关系。另外，由于横截面数据无法更好的评估变量之间的因果关系，研究增加了虚拟情境下员工反应倾向的调查，以考察相关因素对员工反应路径的影响。

3.2.2 变量测量

3.2.2.1 研究中相关变量的总体情况

按照变量是否有成熟测量工具，研究所使用的变量可以分为三类：

(1) 已有成熟量表或测量工具的变量。本课题研究只是对这些量表或测量工具进行了部分的修订,例如工作满意度、组织承诺等。

(2) 没有成熟量表或测量工具的变量。本课题研究通过访谈、预试开发针对此变量的测量工具,如反应路径、报复和补偿。

(3) 人口统计学变量。本次调查共设计了 8 个人口统计学变量,例如性别、年龄等,具体如表 3-2 所示。

基于绪论中提出的理论模型和调研设计,除人口统计学变量外,本研究中相关变量可以分作七个部分,具体变量如表 3-3 所示:

表 3-3　研究中涉及的相关变量

类别	具体变量	量表出处	项目
实际不公正对待	① 是否遭遇过不公正对待	Boswell 和 Olson-Buchanan(2004)	1
	② 不公正事件的类型	Turner 和 O'Sullivan(2013)	1
	③ 不公正事件的责任人	Klaas 和 DeNisi(1989)	1
	④ 不公正事件的负面影响程度	自编	1
虚拟不公正对待	① 虚拟不公正的负面影响程度	自编	1
	② 虚拟的上级不公正事件	郑晓涛等(2017a)	1
	③ 虚拟的组织不公正事件	郑晓涛等(2017a)	1
反应路径和反应方式	① 不公正事件的反应路径	自编	1
	② 申诉还是沉默	自编	1
	③ 非正式申诉还是正式申诉	自编	1
	④ 沉默还是正式申诉	自编	1
	⑤ 组织内还是组织外正式申诉	自编	1
	⑥ 沉默还是组织外正式申诉	自编	1
	⑦ 三维度员工沉默	郑晓涛等(2017a)	3

（续表）

类别	具体变量	量表出处	项目
影响因素	① 员工外向性	Saucier(1994)	3
	② 员工随和性	Saucier(1994)	3
	③ 员工力量	Price 和 Mueller(和 1981)	3
	④ 尊从权威	王庆娟和张金成(2012)	3
	⑤ 威权领导	郑伯埙等(2003)	3
	⑥ 集体主义文化	House 等(2004)	1
	⑦ 组织内是否有申诉体系	自编	1
申诉效果	① 争议是否最终解决	自编	1
	② 每次申诉是否满意	自编	1
报复和补偿	① 责任人是否报复	自编	1
	② 责任人是否补偿	自编	1
工作态度和行为	① 员工对上级的信任	Romano(2003)	3
	② 员工对组织的信任	Romano(2003)	3
	③ 工作满意度	Tsui 等(1992)	1
	④ 组织承诺	姚唐等(2008)	1
	⑤ 工作偏差行为	郭晓薇(2011)	3

3.2.2.2 实际遭遇的不公正对待

不公正对待涉及员工是否遭遇了不公正对待，以及遭遇不公正事件的属性，如不公正事件的类型、责任人和负面影响程度。

（1）是否遭遇不公正对待。参考 Boswell 和 Olson-Buchanan(2004)研究中使用的方法，问卷调查先询问员工在过去 1 年中是否在组织内经历过“上级（主管或经理）或组织（老板或管理层）”的不公正对待，例如基本薪酬待遇、社会保险和福利待遇、绩效考核、晋升等。

在本次调查的 620 名员工中，有 382 名员工认为自己在过去 1 年中遭遇了上级或组织的不公正对待；有 238 名员工认为过去 1 年并没有经历过上级或组织的不公正对待。遭遇和未遭遇不公正对待员工的样本结构如表 3-2 所示。

考虑到员工可能经历过多次上级或组织的不公正对待，因此，同样参考 Boswell 和 Olson-Buchanan(2004)研究中使用的方法，问卷调查进一步请遭遇过不公正对待的被调查者回忆对他们负面影响程度最大的 1 次不公正事件，并报告 3 个事件属性变量，包括类型、责任人和负面影响程度。

(2) 不公正事件的类型。本次问卷调查参考了 Turner 和 O'Sullivan(2013)以及 Cooke 等(2016)的分类，具体包括下列 11 项：基本薪酬待遇、社会保险和福利待遇、绩效考核、工作任务(也包括工作地点)分配、晋升、工作条件(环境)、培训、工作时间和休假、处罚不当或无故解雇或降职、性别歧视、其他。问卷中请被调查者选出该不公正事件属于上述哪种情况(只能选择最符合的 1 项)。

(3) 不公正事件的责任人。问卷中请被调查者填答此不公正事件的责任人，选项包括上级(直接主管或经理)、组织(老板或管理层)两个选项。责任人的分类参考自 Klaas 和 DeNisi(1989)的责任人分类。

(4) 不公正事件的负面影响程度，即该不公正事件对员工的负面影响程度。评价标准从“很小”到“很大”，按 7 点计分。

3.2.2.3 虚拟情境下的不公正对待

Olson-Buchanan 和 Boswell(2002)的研究中使用了虚拟的不公正对待情境，他们请填答者报告“如果在工作中经历了不公正事件会如何反应”。郑晓涛等(2017a)在此基础上对虚拟情境进一步细化：首先，考虑到不同类型的不公正事件对员工的负面影响应有不同，且考虑到劳动报酬往往是中国企业内产生劳动争议最多的领域①，因此在虚拟情境中的不公正对待直

① 例如程延园和王甫希(2012)梳理了截至 2009 年的 10 年间的劳动争议数据发现，劳动报酬是产生劳动争议的主要原因，并且一直占总体劳动争议的 30%左右。Cooke 等(2016)针对 24 名中国企业一线员工的访谈也发现，被提及比例最高的不公正事件是薪酬(包括薪酬体系和社保福利等)。

接具体化为劳动报酬的不公正对待；其次，考虑到不公正事件责任人对员工的反应路径会有显著影响(Klaas 和 DeNisi，1989)，郑晓涛等(2017a)依据不公正事件责任人的不同(上级或组织)分别设计了两个虚拟的不公正对待情境。本次调查在郑晓涛等(2017a)的两个虚拟情境的基础上进行了修订。

(1) 虚拟不公正对待的负面影响程度。考虑到即便相同的不公正事件对不同员工的负面影响程度也会不同，因此本研究需要先测量该虚拟不公正事件对员工的负面影响程度。情境材料为“如果您发现自己任务较为繁重，工作付出和所得相对公司其他岗位来说并不公平。这件事情对您的负面影响程度是怎样的”，从“很小”到“很大”，按 7 点计分。

(2) 虚拟的上级不公正事件。上级为事件责任人的情境材料为“您发现，相对部门的其他岗位，您任务较为繁重，工作付出和所得相对其他岗位来说并不公平。同时您了解到任务和奖金的分配权在您上级(直接主管或经理)手中”。

(3) 虚拟的组织不公正事件。组织为事件责任人的情境材料为“您发现，相对单位的其他岗位，您任务较为繁重，工作付出和所得相对公司其他岗位来说并不公平。同时您了解到岗位职责和岗位工资的决定权在公司管理层手中”。

3.2.2.4 不公正事件的反应路径变量

不公正事件的反应路径变量包括员工组织内可选择的反应路径，以及其中一种特殊的反应方式——沉默。

(1) 员工组织内的反应路径。员工在组织内遭遇不公正对待后并非只是一个申诉或是沉默的简单反应，可能会形成多阶段决策的反应路径。本研究通过与 30 名员工和 10 名管理者的访谈，根据沉默(即不申诉)、非正式申诉、组织内正式申诉、组织外正式申诉 4 种反应方式，将其与申诉效果

（满意解决、不满意解决）进行组合，共列出 11 种组织内的反应路径①供员工选择，具体如表 3-4 和图 3-1 所示。

表 3-4　员工遭遇不公正对待后的 11 种反应路径

编号	反应路径
1	保持沉默，对不公正结果只好选择接受
2	和此不公正事件相关责任人私下沟通并得到满意解决
3	先和此不公正事件相关责任人私下沟通，但并不满意沟通结果；最终选择沉默，并对不公正结果只好选择接受
4	先和此不公正事件相关责任人私下沟通，但并不满意沟通结果；然后选择通过单位内相关申诉机构或依照单位的申诉流程进行正式申诉并得到满意解决
5	先和此不公正事件相关责任人私下沟通，但并不满意沟通结果；然后选择通过单位内相关申诉机构或依照单位的申诉流程进行正式申诉，但不满意申诉结果；最终选择沉默，并对不公正结果只好选择接受
6	先和此不公正事件相关责任人私下沟通，但并不满意沟通结果；然后选择通过单位内相关申诉机构或依照单位的申诉流程进行正式申诉，但不满意申诉结果；最终寻求单位外相关机构协助解决遭遇的不公正对待
7	先和此不公正事件相关责任人私下沟通，但并不满意沟通结果；然后选择寻求单位外相关机构协助解决遭遇的不公正对待
8	直接通过单位内相关申诉机构或依照单位的申诉流程进行正式申诉并得到满意解决
9	直接通过单位内相关申诉机构或依照单位的申诉流程进行正式申诉，但不满意申诉结果；最终选择沉默，并对不公正结果只好选择接受
10	直接通过单位内相关申诉机构或依照单位的申诉流程进行正式申诉，但不满意申诉结果；最终寻求单位外相关机构协助解决遭遇的不公正对待
11	直接选择单位外相关机构协助解决遭遇的不公正对待

①　针对员工反应路径的访谈可以发现，尽管存在 4 种反应方式，但 4 种反应方式并非任意组合，比如员工不会在正式申诉后再使用非正式申诉；员工也不会在组织外正式申诉后再使用组织内正式申诉。

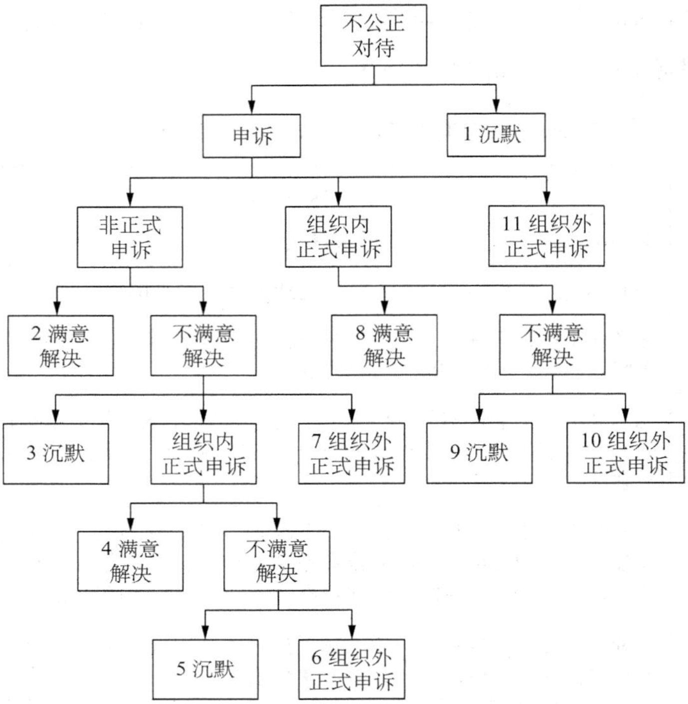

图 3-1　员工遭遇不公正对待后的反应路径①

从表 3-4 和图 3-1 可以发现，员工遭遇不公正对待后的反应路径可以归纳为 5 种反应方式：

① 反应方式 1：当员工遭遇不公正对待后，选择沉默不语，放弃解决不公正对待，还是选择申诉，争取解决此不公正对待，也即反应路径中引申出的变量“申诉还是沉默”。如果员工选择直接沉默，即为反应路径 1。

② 反应方式 2：如果员工选择申诉来解决争议，那么选择非正式申诉还是正式申诉（包括组织内正式申诉和组织外正式申诉），也即反应路径中引申出的变量“非正式申诉还是正式申诉”。

① 图中方框内序号对应表 3-4 中的 11 种反应路径选项。

③ 反应方式3:当员工选择非正式申诉来解决不公正对待时,假如员工的非正式申诉效果较好,相关责任人纠正了此不公正对待,即为反应路径2。

假如员工的非正式申诉没有得到满意解决,则员工是选择沉默,放弃解决,还是选择更进一步的正式申诉(包括组织内正式申诉和组织外正式申诉),也即反应路径中引申出的变量"沉默还是正式申诉"。如果员工选择沉默,即为反应路径3。

④ 反应方式4:如果员工选择了正式申诉来解决不公正对待,那么选择组织内正式申诉还是组织外正式申诉,也即反应路径中引申出的变量"组织内正式申诉还是组织外正式申诉"。如果员工直接选择组织外正式申诉,即为反应路径11和反应路径7。其中,反应路径11是当员工遭遇不公正对待并决定正式申诉时,直接选择了组织外正式申诉;反应路径7是员工非正式申诉无果并决定正式申诉时,直接选择了组织外正式申诉。

⑤ 反应方式5:如果员工使用组织内正式申诉效果较好,相关责任人纠正了此不公正对待,即为反应路径8和反应路径4。其中,反应路径8是当员工遭遇不公正对待并决定正式申诉时,选择了组织内正式申诉,并且争议满意解决;反应路径4是员工非正式申诉无果并决定正式申诉时,选择了组织内正式申诉,并且争议满意解决。

假如员工的组织内正式申诉没有得到满意解决,则员工是选择沉默,放弃解决,还是选择更进一步的组织外正式申诉,也即反应路径中引申出的变量"沉默还是组织外正式申诉"。如果员工选择沉默,即为反应路径9和反应路径5;如果员工选择组织外正式申诉,则为反应路径10和反应路径6。其中,反应路径9是当员工遭遇不公正对待并决定正式申诉时,选择了组织内正式申诉但申诉效果不佳,最终选择了沉默;反应路径5是员工非正式申诉无果并决定正式申诉时,选择了组织内正式申诉但申诉效果不佳,最终选择了沉默。反应路径10是当员工遭遇不公正对待并决定正式申诉时，选择了组织内正式申诉但申诉效果不佳，并进一步选择了组织外正式申诉；反应路径 6 是员工非正式申诉无果并决定正式申诉时，选择了组织内正式申诉但申诉效果不佳，并进一步选择了组织外正式申诉。

(2) 三维度员工沉默。郑晓涛等(2017a)将员工遭遇不公正对待情境下的沉默分为默许沉默、防御沉默和忠诚沉默 3 种，分别代表顺从、畏惧和合作 3 种动机。其中，默许沉默是指员工预期自己的申诉无法改变现状而被动、消极接受利益被侵害的事实；防御沉默是指员工为了避免申诉后产生较严重的人际隔阂和报复，而选择有意识的自我保护；忠诚沉默是指员工放弃申诉，静待上级或组织主动改善环境和条件，或上级或组织通过其他方式主动对员工进行补偿。本次问卷调查修订了郑晓涛等(2017a)的三维度员工沉默问卷，共设计 3 个题项，分别代表默许沉默、防御沉默和忠诚沉默，评价标准从“非常不同意”到“非常同意”，按 7 点计分。具体项目如下所示：

① 即便讲了也不会改变现状，只能选择接受。

② 如果继续深究下去，会得罪领导或某些同事，所以放弃。

③ 没必要讲，我相信相关领导或同事会发现错误并纠正错误，或未来给予我其他形式的补偿。

3.2.2.5 影响因素变量

相关影响因素包括员工个人特质变量，如员工随和性、外向性、力量、尊从权威价值观；员工和上级的交互变量，如员工对上级的信任、上级威权领导；员工和组织的交互变量，如员工对组织的信任、集体主义文化；劳动关系变量，如组织是否有申诉体系。除非特别说明，这些变量的测量工具的评价标准皆从“非常不同意”到“非常同意”，按 7 点计分。另外，员工对上级和组织的信任既是影响员工反应路径的因素，也是员工在遭遇不公正对待以及选择反应路径后所影响的相关工作态度。因此，员工对上级和组织信任的概念及测量将在“3.2.2.8 工作态度和行为”中进行介绍。

(1) 员工随和性和外向性。员工随和性和外向性来自大五模型(Costa 和 McCrae, 1985)中的两个维度。随和性代表利他、友好、富有爱心。随和性得分高者多乐于助人、可信赖和富有同情心,注重合作而不强调竞争;得分低者多抱有敌意,为人多疑,喜欢为了利益和信念而争斗。外向性代表热情、自信、有活力,还具有幸福感和善社交的特性。员工随和性和外向性的具体测量项目来自 Saucier(1994)的问卷,各设计 3 个题项,其中第 1～3 项用于测量随和性;第 4～6 项用于测量外向性。具体项目如下所示:

① 我富有同情心。

② 我很容易原谅别人。

③ 我对别人体贴和温和。

④ 我很健谈。

⑤ 我很爱结交新朋友。

⑥ 我待人很热情,性格活泼。

(2) 员工力量。具有力量的个体可以影响另一个个体向某确定方向前进。力量被认为来自个体对另一个个体的依赖性(Emerson, 1972)。当员工在组织内越依赖于另一个个体(例如同事、上级、组织等)时,则员工和此个体相比较,其力量越弱。根据力量依赖理论,进一步可以将个体力量的评价细分为两个指标——相对价值和其他选择的机会(Bacharach 和 Lawler, 1981),即当个体的相对价值越大,则其拥有的力量越大;当个体可选的机会越少,则其拥有的力量越小。本课题研究使用员工在劳动市场的就业机会来衡量员工力量。员工力量的具体测量项目来自 Price 和 Mueller(1981)的量表,共设计 3 个题项。具体项目如下所示:

① 我很容易找到一个和现有工作一样好的工作。

② 我很容易找到一个比现有工作还好的工作。

③ 我很容易找到一个比现有工作好的多的工作。

(3) 尊从权威。本书中所指的尊从权威代表对组织及领导的决策和行为应该尽量尊敬和服从。尊从权威的具体测量项目来自王庆娟等(2012)的儒家传统价值观问卷的尊从权威维度,共设计3个题项。具体项目如下所示:

① 尊重、服从领导是美德。

② 个人利益应服从部门或单位的利益。

③ 就算上级或单位有错,员工也应尽量服从。

(4) 威权领导。威权领导源于中国传统社会中的家长权威制度,反映出华人企业中领导者与下属之间"上尊下卑"的关系,这与西方领导理论中所强调的上下平等的立场迥然不同(吴宗佑、周丽芳和郑伯埙,2008)。威权领导的具体测量项目来自郑伯埙等(2003)的家长式领导问卷中的威权领导维度,共设计3个题项,分别涉及威权领导的"严峻""教诲""威服"。具体项目如下所示:

① 在我们面前,上级常常表现出一副威严的样子。

② 如果任务没有按照上级的要求完成时,上级会严厉批评我。

③ 上级要求我必须毫无异议地服从他/她的领导。

(5) 集体主义文化。集体主义文化是强调把集体目标置于个人目标之上,注重自我与他人联系,人与人之间的和睦和相互依赖,个体对群体的义务和责任,强调为群体利益而放弃个体利益(吕庆燕、王有智和王振宏,2010)。集体主义文化的具体测量项目来自 House 等(2004)的"GLOBE"国家文化问卷中的集体主义文化维度,共设计1个题项,具体项目为:在我们单位,鼓励个人利益服从集体利益。

(6) 组织是否有申诉体系。申诉体系是指组织内对于员工申诉在"何时、何地并且怎么样被解决"的相关政策和程序(Bemmels 和 Foley,1996),也即组织内的正式申诉体系。本次问卷调查请被调查者填答所在单位是否有组织内正式申诉系统,具体项目为:据我了解,单位有正式的申诉系统来处理员工的申诉，例如有相关部门（比如工会、行政部等）或相关申诉流程，填答选项为“有”和“没有”两项。

3.2.2.6 申诉效果

申诉效果是员工对于申诉结果的满意程度。本书使用两个变量来评价员工在组织范围内的申诉效果，分别为申诉后“争议是否最终解决”以及“每次申诉是否满意”。由于本次调查并未搜集员工使用组织外正式申诉的效果，因此，这里的申诉效果都是指组织内申诉的效果。

（1）申诉后争议是否最终解决。通过员工申诉，争议是否得以在组织内满意解决，该变量具体数值来自员工的反应路径。首先，除去员工遭遇不公正对待后的直接沉默（反应路径 1）和直接的组织外正式申诉（反应路径 11），其余路径都至少有一次申诉在组织范围内进行。如果在反应路径选项中最终争议在组织内得到满意解决，则记为争议解决，即反应路径 2、反应路径 4 和反应路径 8；如果争议没有圆满解决，员工放弃申诉选择沉默，或选择组织外正式申诉，则记为争议未解决，代表员工在组织范围的申诉并未帮助解决争议，即反应路径 3、反应路径 5、反应路径 6、反应路径 7、反应路径 9 和反应路径 10。

（2）每次申诉是否满意。“每次申诉是否满意”和“争议最终是否解决”两个变量并不完全相同。在遭遇不公正对待后，有些员工可能只使用了 1 次申诉（或者非正式申诉或者组织内正式申诉），有些员工可能使用 2 次申诉（非正式申诉无果后，再进一步使用组织内正式申诉）。“每次申诉是否满意”是以每次申诉为考察对象，将样本中所有申诉累计起来，考察每次申诉是否取得满意结果；而“争议最终是否解决”是以员工或申诉路径为考察对象，侧重每位员工或每个申诉路径，最终是否取得满意结果。

例如，某位员工在使用非正式申诉无果后继续使用组织内正式申诉并满意申诉结果（反应路径 4），在“争议是否最终解决”中只有 1 种反应路径，并且最终结果是满意解决，故记为1次争议最终解决；而在“每次申诉是否满意”中该员工的申诉路径包含了2次申诉，并且1次非正式申诉被记为不满意，1次组织内正式申诉记为满意。

3.2.2.7 报复和补偿

本书将报复定义为由于员工的申诉行为给相关责任人利益造成了负面影响，故相关责任人采取措施对员工进行惩罚，将补偿定义为相关责任人为了弥补由于其不公正对待所给员工带来的利益损失而实施的私下补救行动。经过与30名员工和10名管理者的访谈，本书选择将“穿小鞋”作为报复的典型行为；将“额外照顾”作为补偿的典型行为。具体测量项目如下：

在您对此不公正对待采取了相关反应（即11种反应路径）之后，您能感觉到该不公正事件的责任人和以往相比：

① 经常给我“穿小鞋”。

② 有时会给我“穿小鞋”。

③ 有过1～2次给我“穿小鞋”。

④ 和平时没差别。

⑤ 给过我1～2次额外照顾。

⑥ 有时会给我额外照顾。

⑦ 经常给我额外照顾。

在上述7个选项，填答者需勾选最符合情况的1项。本书根据此7个选项分别计算“是否报复”和“是否补偿”。

（1）是否报复，即责任人是否有报复行为。如果被调查者选择上述7个选项中的第1～3项，记为有报复行为，否则记为无报复行为。

（2）是否补偿，即责任人是否有补偿行为。如果被调查者选择上述7个选项中的第5～7项，记为有补偿行为，否则记为无补偿行为。

3.2.2.8 工作态度和行为

在本书中，涉及相关工作态度和行为包括员工对上级和组织的信任、工作满意度、组织承诺和员工偏差行为。这些变量的测量工具的评价标准皆从"非常不同意"到"非常同意"，按7点计分。

(1) 员工对上级和组织的信任。信任是当个体收益依赖他人并且此收益存在风险时，个体对他人对己收益影响的预期和假设。员工对上级和组织信任的具体测量项目来自Romano(2003)的信任测量问卷，根据对上级和组织信任对象的不同一共设计6个题项，其中第1～3项用于测量员工对上级的信任；第4～6项用于测量员工对组织的信任。具体项目如下所示：

① 我的直接上级会保护我的利益。

② 我的直接上级会站在我们的立场上想问题。

③ 我信任我的直接上级。

④ 我的组织会保护我的利益。

⑤ 我的组织会站在我们的立场上想问题。

⑥ 我信任我的组织。

(2) 工作满意度。工作满意度是员工对自身工作或者工作经验的一种愉悦或积极的情感状态(Locke, 1976)。工作满意度常用的测量手段是单一整体评估法和由大量工作要素组成的综合评价法。以往研究表明单一整体评估法与综合评价法同样有效(Wanous, Reichers和Hudy, 1997)。因此，本研究中工作满意度的测量采用单一整体评估法，参考自Tsui等(1992)设计的问卷，共设计1个题项，具体测量项目为：总体而言，我喜欢在这里工作。

(3) 组织承诺。组织承诺通常定义为员工对组织及其目标的认同感和对组织的归属感(Mowday, Steers和Porter, 1979)，包括对组织目标的强烈信仰和认可；愿意为了组织的利益而付出足够的努力；保持组织成员身份的明确愿望(Angle和Perry, 1981)。组织承诺包括三个维度：情感承诺、持续承诺和离职承诺(Meyer和Allen, 1997)。国内外的相关研究对组织承诺的测量往往更关注情感承诺部分(李超平等,2006)。因此,本研究也借鉴这一做法,在对组织承诺的测量仅针对情感承诺部分,参考了姚唐等(2008)的问卷,共设计1个题项,具体测量项目为:我对这家单位有着深厚的感情。

(4) 工作偏差行为。工作偏差是指向组织的、潜在破坏性质较轻微的自发行为,包括违反生产规范、仅达到最低的工作品质和工作数量的行为,如旷工、工作怠惰等。本研究参考了郭晓薇(2011)的问卷,共设计3个题项,具体测量项目如下:

① 只要影响不大,我故意以较低的工作品质完成工作任务。

② 只要不影响我,我就不报告工作中发现的问题,就任由事态变化。

③ 我故意拖延完成手边的工作。

3.2.3 变量的信效度检验

3.2.3.1 信度分析方法

信度(reliability)反映了测量工具的一致性(consistency)或稳定性(stability)。一般使用Cronbanch's α值(内部一致性系数)作为信度的预测指标(丁秀峰,2001)。所谓内部一致性,是指考察一个测验内部各个题目之间的一致性,也即各个测验题目是否具有相同或相似的测量目标,是否测量相同或相似的心理特质。

3.2.3.2 信度分析结果

除测量项目只有1题的集体主义文化、工作满意度和组织承诺这3个变量,以及每维度仅有1个项目的三维度的员工沉默外,相关变量的Cronbanch's α值检验结果如表3-5所示。除员工随和性与尊从权威这两个变量的Cronbanch's α值略低于0.70外,其余各变量的Cronbanch's α值均大于0.70,表明测量工具具有较好的信度。

表 3-5 研究中各变量的信度分析结果表

变量	项目数	总体（N=620）	遭遇不公正对待（n=382）
员工随和性	3	0.65	0.65
员工外向性	3	0.80	0.75
员工力量	3	0.86	0.85
尊从权威	3	0.58	0.57
员工对上级的信任	3	0.85	0.82
员工对组织的信任	3	0.82	0.80
威权领导	3	0.75	0.72
工作偏差行为	3	0.81	0.81

3.2.3.3 效度分析方法

效度（validity）指测量工具能够真实测出所测概念的程度（Cohen 和 Swerdlik，2005）。本书中使用了内容效度和结构效度。其中，内容效度指测量工具能够反映研究者所欲测量事物的程度（Carmines 和 Zeller，1979）。本书采用确定内容效度的常用方法——专家评价法，即邀请两名组织行为学专业的研究人员参加讨论问卷的措辞并进行修订，在不改变量表内在含义的基础上更易于填答者所理解。结构效度指测量工具能够测到所测构念的理论结构的程度。本书主要通过探索性因素分析来表明相关变量的结构效度。

3.2.3.4 效度分析结果

除测量项目只有 1 题的集体主义文化、工作满意度和组织承诺这 3 个变量，以及每维度仅有 1 个项目的三维度员工沉默变量外，相关变量探索性因子分析结果如表 3-6 所示，并且相关变量的每个项目都能够汇聚成对应的因子，表明测量工具具有较好的结构效度。

表 3-6　各变量的方差解释度

变量	项目数	总体 （N=620）	遭遇不公正对待 （n=382）
员工外向性	3	71.3%	66.5%
员工随和性	3	59.5%	59.2%
员工力量	3	77.9%	77.5%
尊从权威	3	55.4%	54.6%
员工对上级的信任	3	77.1%	74.1%
员工对组织的信任	3	73.9%	70.4%
威权领导	3	67.1%	64.5%
工作偏差行为	3	72.9%	72.9%

第4章

不公正对待

本章重点研究员工申诉或沉默反应的触发条件——不公正对待，基于数据搜集的调查结果，主要讨论三个部分的内容：员工遭遇不公正对待的现状是怎样的；什么条件下员工更容易遭遇不公正对待，或者什么条件下员工更容易产生不公正对待的知觉；不公正对待对员工后续相关工作态度和行为会有什么影响。

4.1 员工遭遇不公正对待的现状

本节主要阐述当前员工在组织内遭遇不公正对待的现状，具体包括：在过去1年遭遇过不公正对待的员工比例；在过去1年遭遇过的对自己负面影响最大的一次不公正事件中，此不公正事件的类型、责任人、负面影响程度。

4.1.1 是否遭遇不公正对待

参考Boswell和Olson-Buchanan(2004)在研究中所使用的方法，本研究先询问员工在过去1年中是否在组织内遭遇过“上级(主管或经理)或组织(老板或管理层)”的不公正对待，例如基本薪酬待遇、社会保险和福利待遇、绩效考核、晋升等。在收到的620份有效问卷中，有382人报告在过去1年中遭遇过上级(直接主管或经理)或组织(老板或管理层)的不公正对

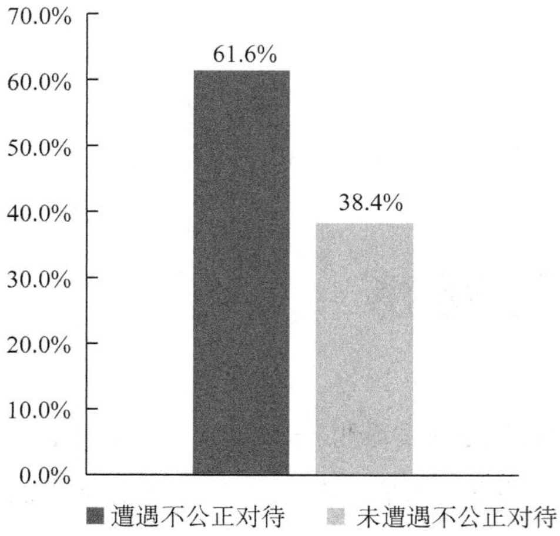

图 4-1　员工过去 1 年在组织内遭遇过不公正对待的现状（*N*＝620）

待，占总人数的 61.6%；没有遭遇过的有 238 人，占总人数的 38.4%。具体如图 4-1 所示。

在以往类似的调查中，Olson-Buchanan 和 Boswell（2002）针对 452 名员工的调查表明，有 150 名员工认为过去 1 年遭遇过不公正对待，占比 33.2%。在 Boswell 和 Olson-Buchanan（2004）针对 410 员工的调查中，有 155 名员工认为过去 1 年遭遇过不公正对待，占比 37.8%。在郑晓涛等（2017b）针对 250 名员工的调查中，有 73.6%的员工认为过去 1 年遭遇过上级或组织的不公正对待。以目前不多的调查研究结果来看，中国员工遭遇不公正对待的比例要高于有相对健全劳动关系体系的西方发达国家。

本研究同时考察了不同人口统计变量下过去 1 年员工遭遇不公正对待的情况，这些变量包括性别、组织内有无申诉体系、单位性质和行业性质。具体如图 4-2 和图 4-3 所示。

（1）性别。从图 4-2 中可以发现，以性别进行分类考察员工是否遭遇不公正对待时，男性和女性遭遇不公正对待的情况并无明显区别。

（2）组织内有无申诉体系。从图 4-2 中可以发现，以组织内有无申诉体系进行分类考察员工是否遭遇不公正对待时，没有申诉体系的组织，其员工遭遇不公正对待的比例（69.8%）要略高于有申诉体系的组织（58.7%）。

（3）单位性质。从图 4-3 中可以发现，以单位性质进行分类考察员工

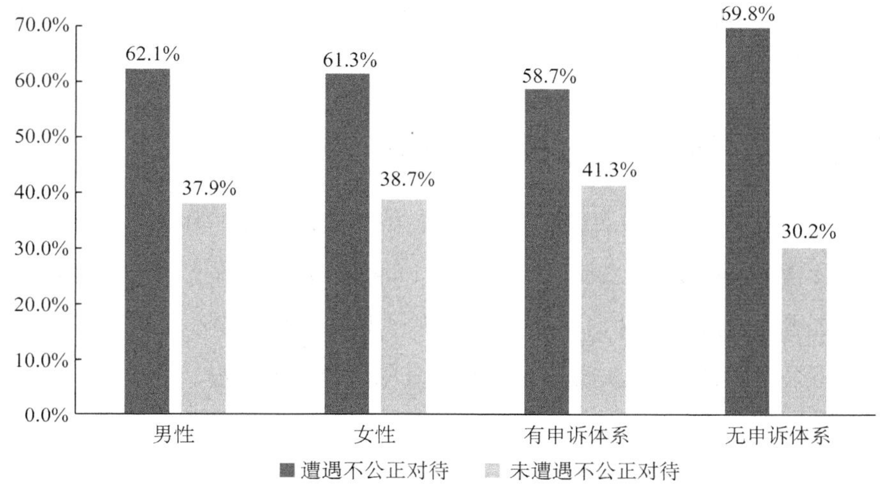

图 4-2 不同性别和组织内有无申诉体系下员工遭遇不公正对待的情况($N=620$)

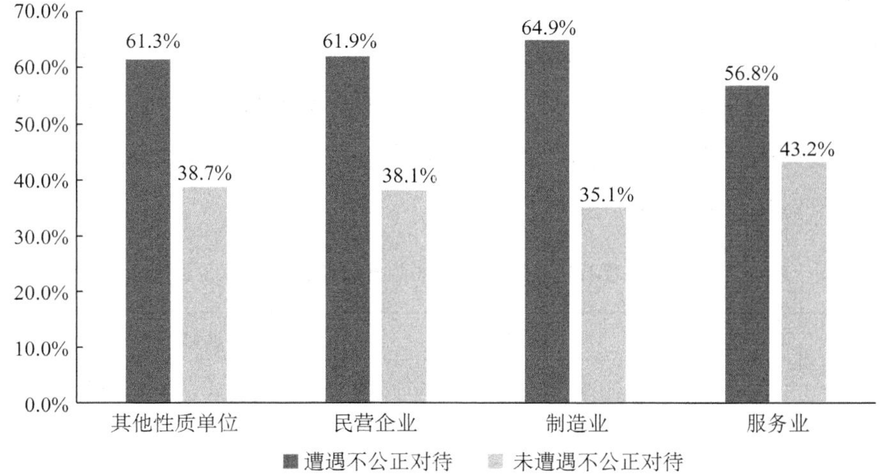

图 4-3 不同单位性质和行业性质员工遭遇不公正对待的情况($N=620$)

是否遭遇不公正对待时，民营企业与其他性质单位(国有性质单位和三资企业)员工遭遇不公正对待的情况并无明显区别。

(4) 行业性质。从图 4-3 中可以发现，以行业性质进行分类考察员工

是否遭遇不公正对待时，制造业员工遭遇不公正对待的比例（64.9%）要略高于服务业的员工（56.8%）

4.1.2 负面影响最大的不公正事件

由于员工在过去1年中可能不止经历1次上级或组织的不公正对待，同样参考Boswell和Olson-Buchanan（2004）在研究中所使用的方法，邀请被调查者提名过去1年对自己负面影响程度最大的一次不公正事件，并报告此不公正事件的类型、责任人以及对其的负面影响程度。

4.1.2.1 不公正事件类型

在遭遇过不公正对待的382名员工中，不公正事件类型按照频数排序如表4-1所示。可以发现，不公正事件类型占比最多的为绩效考核，总体比例接近1/3（30.6%）；占比在10%以上的共4种类型，依次为绩效考核、晋升、工作任务分配（也包括工作地点的分配）、基本薪酬待遇。因此，组织应重点关注上述事件类型以针对性地降低组织内的不公正事件的发生频次以及对员工的负面影响程度。

表4-1 员工遭遇不公正事件类型的频数和负面影响程度（$n=382$）

事件类型	频数和比例		负面影响程度	
	小计	比例	均值	标准差
绩效考核	117	30.6%	4.96	1.00
晋升	63	16.5%	5.52	0.86
工作任务分配	57	14.9%	4.88	1.17
基本薪酬待遇	48	12.6%	5.31	1.10
社会保险和福利	30	7.9%	5.23	0.77
工作条件	16	4.2%	4.69	0.87
工作时间和休假	17	4.5%	4.53	1.18

（续表）

事件类型	频数和比例		负面影响程度	
	小计	比例	均值	标准差
培训	13	3.4%	4.38	1.45
处罚不当	12	3.1%	4.67	1.61
性别歧视	6	1.6%	5.17	1.47
其他	3	0.8%	5.67	1.53
总计	382	100%	5.05	1.09

4.1.2.2 不公正事件责任人

参考 Klaas 和 DeNisi(1989)的分类，本研究请被调查者填答此不公正事件的责任人，选项包括上级（直接主管或经理）、组织（老板或管理层）两个选项。调查结果表明，在遭遇不公正对待的 382 名员工中，有 274 人报告事件责任人是上级（直接主管或经理），占总比例的 71.7%；有 108 人报告事件责任人是组织（老板或管理层），占总比例的 28.3%。具体如图 4-4 所示。

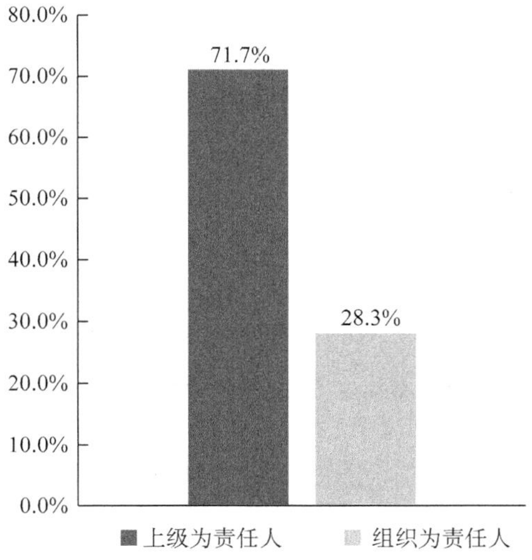

图 4-4 不公正事件的责任人分布(n=382)

在 Boswell 和 Olson-Buchanan(2004)的调查中,136 名员工明确了不公正事件的责任人,其中 67 名责任人为上级(占比 49.3%),69 名责任人为组织(占比 50.7%)。可以发现,中国员工遭遇上级不公正对待的比例明显高于有相对健全劳动关系体系的西方发达国家。因此,组织应针对管理者进行更多相关领导力和劳动关系的培训,以降低管理者和员工互动过程中员工知觉到的不公正感。

4.1.2.3 不公正事件对员工的负面影响程度

不公正事件对员工负面影响程度的评价标准从“很小”到“很大”,按 7 点计分,均值为 5.05,标准差为 1.09。具体分布如图 4-5 所示,具体人数分布为:很小(3 人)、小(7 人)、较小(19 人)、一般(55 人)、较大(183 人)、大(83 人)、很大(32 人)。可以发现,有接近一半的被调查者(183 人,占 47.9%)认为此事件对自己负面影响程度较大;有 298 名被调查者(占 78.0%)认为此事件对自己的负面影响程度在“一般”程度以上。

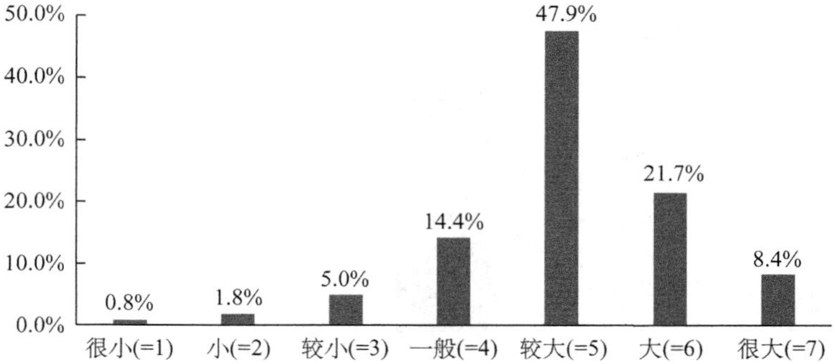

图 4-5 不公正事件对员工的负面影响程度分布(n=382)

另外,我们比较了不同不公正事件类型对员工的负面影响程度,具体可参见表 4-1。可以发现,除了频数较少(低于 10 位)的“其他”(共 3 位)和“性别歧视”(共 6 位)外,对员工负面影响程度较大(均值在 5 以上)的共 3

项，依次为“晋升”($M=5.52$)、“基本薪酬待遇”($M=5.31$)、“社会保险和福利”($M=5.23$)。该结果也说明员工对于“晋升”“基本所得”和“福利”更为看重。因此，组织在具体实践中应关注上述对员工负面影响较大的3个方面，并采取针对性措施缓解上述领域所带来的不公正感。

4.2 相关变量对于员工遭遇不公正对待的影响

4.2.1 员工不公正对待知觉的产生机制

4.2.1.1 公正对待规范

员工遭遇不公正对待是指员工遭遇上级或组织向其实施不规范的负面行为或终止规范的正面行为(Cortina 和 Magley，2003)。也即，上级或组织的某些决策会影响员工的利益(包括显性利益，如收入；也包括隐性利益，如尊重)，员工会将这些决策与自身认定的公正对待规范进行比较。

当上级或组织的决策劣于该规范时，例如，有些决策会提高员工利益，但员工认定的公正对待规范认为应予以其更高的利益；有些决策会减少员工利益，但员工认定的公正对待规范认为不应减少如此之多的利益。此时，员工会知觉到上级或组织的不公正对待。相反地，当上级或组织的相关决策不劣于员工认定的公正对待规范时，例如，有些决策会增加员工利益，而且利益的增加等于或高于员工认定的公正对待规范所认为员工应增加的利益；有些决策会减少员工利益，但利益的减少等于或小于员工认定的公正对待规范认为员工应减少的利益。此时，员工会知觉到上级或组织给予其公正的对待。

另外，员工认定的公正对待规范应包括：

(1) 被明确规定的相关法律法规，如劳动法和相关条例。例如，当员工发现上级或组织的决策违反了劳动法时，如未经协商的强制加班，则员工会认为遭遇了上级或组织的不公正对待。

(2) 上级或组织明文规定的且被员工认可的相关管理制度,如员工手册或部门的管理条例。当员工发现上级或组织的决策违反了既定的管理制度时,如绩效奖金发放没有按照相关规定实施,则员工会认为遭遇了上级或组织的不公正对待。但是,如果部门或组织的管理条例或管理制度违反了政府颁布的法律法规,或不符合员工对上级或组织的角色预期,而不被员工认可,则即便上级或组织按照相关管理制度发布决策,员工也会认为遭遇了上级或组织的不公正对待。

(3) 员工对上级或组织的角色期望。角色期望是指员工认为上级或组织在某个特定情境中应该如何行事(奚从清,2010)。并非上级或组织实施的影响员工利益的每个决策都有可以依据的确定标准,很多时候员工会基于自身价值观、基本需求和经验形成对于上级或组织的角色期望,当员工发现上级或组织的决策劣于自己对他们的预期时,员工会认为遭遇了上级或组织的不公正对待。例如,员工认为上级不应在下属绩效不佳时言语讥讽,当上级由于下属工作质量不佳而出言不逊时,员工就会认为遭遇了上级的不公正对待。

4.2.1.2 影响员工不公正对待知觉的因素

本书基于归因理论(Kelly, 1967)和期望理论(Vroom, 1964)提出,影响员工不公正对待知觉主要取决于员工的归因方式和相关责任人实施不公正对待的动因,具体可以归为 3 类因素:归因、机会和成本。

(1) 不公正对待的归因。归因(attribution)指人们如何解释自己和他人行为的原因,是个体对影响或解释其行为的因素做出结论的一种认知过程(McCabe 和 Dutton, 1993)。归因理论认为,当我们在观察某种个体行为时,总是试图判断它是由内部原因还是外部原因引起的。当员工遭遇不公正对待时同样会去认定某人或某机构是否应为威胁其利益的某种决策承担责任，如果找不到责任主体，那么也就不存在相关责任人对其的不公正对待。因此，责任推断应是不公正感产生的重要前提（Folger 和 Cropanzano，2001）。王怀勇和刘永芳（2001）的研究也发现员工的归因会对不公正感产生直接影响。

当员工将上级或组织实施的某个违反其公正对待规范的决策归因于内部原因时，即认为该决策应由上级或组织来承担责任，此时员工会认为遭遇了上级或组织的不公正对待；相反地，当员工将上级或组织实施的某个违反其公正对待规范的决策归因于外部原因时，即认为该决策不应由上级或组织来承担责任，自然也就不会认为是遭遇了相关责任人的不公正对待。

另外，根据期望理论，个体以某种特定方式行事的意愿强度取决于个体对某种特定结果及其吸引力的期望强度，也即实现某特定结果的机会大不大，并且此特定结果给自己的带来的好处多不多。具体到不公正对待的情境中，上级或组织实施对员工的不公正对待的动因取决于实现不公正对待的机会大不大，以及实施不公正对待对上级或组织的损失大不大。如果上级或组织违反员工认定的公正对待规范的机会越多，且实施不公正对待对上级或组织的损失越小，则员工越有可能知觉到上级或组织的不公正对待；相反地，如果上级或组织违反员工认定的公正对待规范的机会越少，且实施不公正对待对上级或组织的损失越大，则上级或组织实施对员工的不公正对待的可能性就越小，员工也就越不可能知觉到上级或组织的不公正对待。

（2）上级或组织违反员工认定的公正对待规范的机会。本书认为影响员工认定的公正规范机会主要有以下两个变量：

① 当上级或组织的相关决策能够影响员工利益时，员工是否有机会影响该决策的出台。如果员工能够参与上级或组织的这些决策，则最终出台的决策会违反员工认定公正对待规范的可能性也就越小；相反地，如果员工没有能力影响这些决策，则这些决策忽视员工利益，违反员工认定的公

正对待规范的可能性将大大提高。

② 相互了解。上级或组织对于员工认定的公正对待规范了解越多,则违反此规范的机会越小;并且,员工对于上级或组织的决策方式了解越多,则对上级或组织的角色期望与上级或组织的决策结果越接近(House 和 Rizzo, 1972)。因此,上级或组织违反员工认定公正对待规范的机会也就越小。

(3) 上级或组织违反员工认定的公正对待规范的成本。当员工遭遇不公正对待后,往往会产生愤怒、怨恨和不满,并进一步产生报复相关责任人的欲望(Barclay, Skarlicki 和 Pugh, 2005),也即“你让我过得不好,那你也别想好”,以纠正此不公正事件带给员工的不公正感,此现象也被称为惩罚性公平(Skarlicki, Ellard 和 Kelln, 1998)。员工实施的惩罚性公平,主要有两种策略:

① 员工通过正式申诉使上级或组织“丢脸”或蒙受其他损失以进行报复。例如以往国外研究发现:那些被员工提出正式申诉的上级往往会得到更低的绩效评价和更少的晋升机会,并产生更高的离职率(Lewin 和 Peterson, 1999)。一些无工会背景的企业会尽量选择在企业内部终止员工申诉,以避免第三方仲裁失败的“蒙羞”(Epstein, 1975)。国内的研究也发现,存在少数劳动者过度维权、非理性维权(例如提出天价诉讼请求),使企业疲于应付的现象(程延园、王甫希,2012)。

② 员工除了正式申诉外,可以选择实施工作偏差行为,如降低工作努力、缺勤甚至离职(Cappelli 和 Chauvin, 1991),以达到报复责任人的目的。

4.2.2 相关变量对员工不公正对待知觉影响的研究假设

本书基于上述不公正对待知觉的产生机制,提出相关变量对员工不公正对待知觉的影响方向,如表 4-2 所示。在表 4-2 中,“+”代表正的影响;“-”代表负的影响,具体解释如下:

表4-2　相关变量对员工遭遇不公正对待的影响方向

序号	变量	归因	机会		成本		总体影响
			参与决策	相互了解	正式申诉	偏差行为	
1	性别		−		−	−	+
2	年龄		−		−	−	+
3	受教育程度		+		+	+	−
4	累计工龄			+			−
5	与上级共事时间			+			−
6	单位性质		−	−			+
7	行业性质		+				−
8	单位规模			+			−
9	随和性	−			−	−	−
10	力量		+		+	+	−
11	尊从权威	−			−	−	−
12	威权领导		−		−	−	+
13	集体主义文化		−		−	−	+
14	申诉体系			+	+		−

备注：除非特殊说明，本书后续表格中性别为分类变量，男性设定为0，女性设定为1；单位性质为分类变量，其他性质单位设定为0，民营企业设定为1；行业性质为分类变量，制造业设定为0，服务业设定为1；申诉体系为分类变量，组织没有申诉体系设定为0，有申诉体系设定为1。

（1）总体影响中“＋”代表在相关变量影响下，员工“遭遇不公正对待”的可能性更高；“－”代表“遭遇不公正对待”的可能性更低。

（2）对于中介机制变量“参与决策”和“相互了解”来说，“＋”代表相关变量对“参与决策”和“相互了解”有积极影响，即该变量更有利于促成员工对相关责任人决策的影响，以及有利于促成员工和相关责任人在公正对待规范和决策方式上的相互了解；“－”则代表相关变量对“参与决策”和“相互了解”有消极影响。

(3) 对于中介机制变量“正式申诉”和“工作偏差行为”来说,“+”代表相关变量更有可能促成员工实施“正式申诉”和“工作偏差行为”,故增加相关责任人成本的可能性更大;“—”代表相关自变量影响员工“正式申诉”和“偏差行为”的可能性更低,故增加相关责任人成本的可能性更小。

(4) 对于归因方式来说,“+”代表内部归因,即员工将遭遇的不公正对待归因为相关责任人;“—”代表外部归因,即员工将遭遇的不公正对待归因为外部因素。

相关变量影响员工遭遇不公正对待知觉以及不公正事件负面影响程度的具体假设关系如下所述:

(1) 性别。自农业社会以来,由于生产方式中男性在体力、精力等方面具有明显的比较优势,女性生产率长期低于男性,在劳动分工中出现了“男主外、女主内”的性别角色规范并延续至今(Alesina, Giuliano 和 Nunn, 2013)。这种性别刻板印象认为女性角色应该以家庭为实现价值的主要阵地,为了避免工作和家庭冲突,需要女性牺牲自己事业,并在家庭中承担更多的责任和义务。于是在工作领域中,往往导致社会对女性的工作成就预期比男性低,对女性员工工作才能以及成果不信任(刘小禹、刘军,2008)。在这样的性别角色期待下,男性通常被认为更具有攻击性、自制性、成就取向、支配性,更加坚韧,而女性常被看成更具有从属性、养育性,更加恭顺和自卑(王芳,2010)。以往研究也发现女性生育子女而导致工作中断和有效劳动时间减少(Zhang 和 Hannum, 2013),并在竞争态度(Gneezy, Leonard 和 List, 2009)、竞争能力(Flory, Leibbrandt 和 List, 2015)等方面均弱于男性。这往往导致在组织中相比女性员工,男性员工具备更高的力量,并且遭遇不公正对待的可能性会低于女性。这是因为:

第一,由于男性员工具备更高的力量,因此也更可能在组织中承担更大的责任,也就更有机会影响上级或组织的相关决策,故相对女性员工,男性员工遭遇到上级或组织的决策违反其认定的公正对待规范的可能性更小。第二,由于男性具备较高的力量,一旦被上级或组织违反其认定的公正对待规范,则男性员工实施工作偏差行为给相关责任人带来的成本也就更高。第三,员工选择正式申诉往往会引致相关责任人的报复行为(Klaas 和 DeNisi, 1989),而男性员工力量更高,故相关责任人对其实施报复行为的顾虑也就更大。综上所述,男性员工遭遇不公正对待的可能性要低于女性员工,因此,本课题研究提出下列假设:

假设 1:相比女性员工,男性员工遭遇不公正对待的可能性更小。

(2) 年龄。组织中常常存在一定程度的年龄偏见,而对于年龄较大员工的歧视则更为常见(陈建安、陶雅和陈瑞,2017)。尽管对于年龄较大员工也存在一些积极的认知,比如更可靠、诚实、可信、忠诚和友善(Finkelstein, Burke 和 Raju, 1995),但更普遍的看法是随着年龄增长,员工的脑力、体力、竞争力、适应能力以及灵活性都不如年轻员工(Krings, Sczesny 和 Kluge, 2011),工作绩效较差(Gordon 和 Arvey, 2004),同时他们可能抗拒改变,学习能力较弱,个人发展潜力不足(Posthuma 和 Campion, 2009)。因此,随着员工年龄增长,员工在劳动市场上的竞争力也不断下降,可以获得的就业机会就越少,并对现有工作愈加珍惜,工作稳定性也较高;相反地,年轻员工对职业生涯的发展充满希望与新奇,渴望多尝试不同的职业,也更喜欢变换工作(杨云,2014)。

因此,体现在组织内,年龄越大,则员工力量会下降。一方面,对上级或组织相关决定和决策的影响力下降;另一方面,上级或组织会认为其实施惩罚性公平的可能性也会下降。故随着年龄增长,员工遭遇上级或组织不公正对待的可能性也就越大。

一些元分析研究也表明,工作场所中年龄较大的员工常常受到不公平对待,例如招聘选拔、培训发展、薪酬分配、绩效评价、晋升机会、解雇裁员等(Gordon 和 Arvey, 2004)。因此,本课题研究提出下列假设:

假设 2:员工年龄越大,则遭遇不公正对待的可能性越大。

(3) 受教育程度。学历虽然不等同于能力，但代表受教育程度高低的学历在很大程度上反映了一个人的素质和能力，也是其能力的最主要衡量指标(曹建安、黄小梅和李爽，2009)。很多研究者也往往把受教育年限作为人力资本的重要替代指标(Weisberg, 1996；冯涛、李青俊，2001)。受教育程度越高，由于具备较高的人力资本，往往具备更高的力量，例如在劳动市场上具备更高的竞争力，并且在本组织内承担更大的责任，在影响上级或组织的相关决策时的影响力更大，因此上级或组织违反其认定的公正对待规范的机会更小，并且违反后得到员工报复的伤害性更大，故上级或组织向高学历员工实施不公正对待的可能性也就越小。因此，本课题研究提出下列假设：

假设 3：员工受教育程度越高，则遭遇不公正对待的可能性越小。

(4) 累计工龄以及与上级共事的时间。员工累计工龄以及与上级共事的时间越长，则通过长期的工作合作与日常互动，员工和上级及组织之间对于对方的决策特点、行为方式、价值观越了解。因此，上级或组织更了解员工认定的公正对待规范，故违反此规范的机会越小，于是员工遭遇不公正对待的可能性会下降。综上，本课题研究提出下列假设：

假设 4：员工累计工龄越长，则遭遇不公正对待的可能性越小。

假设 5：员工与上级共事的时间越长，则遭遇不公正对待的可能性越小。

(5) 单位性质。单位性质在本书中包括 4 种类型：政府部门和事业单位、国有企业、三资企业和民营企业。相比民营企业，政府部门和事业单位、国有企业和三资企业往往有实力，也有动机对员工权益进行较好的保障。

政府部门和事业单位、国有企业由于其国有的属性，因此在劳动关系管理方面必须服从严格的政府规定和许多政策限制，其管理者往往比较守旧和关心内部稳定，在面临不稳定的环境时，通常避免主动采取冒险的决定，从而形成对职工的“控制—保护型”的劳动关系，员工也形成了对这些单位较高的依赖，并成为一种社会心理（张士菊、廖建桥，2010）。另外，政府部门和事业单位往往由财政全额拨款，无需担心因经营业绩下滑而裁员或降低员工福利；国有企业尽管存在竞争压力，并可能由于竞争而压缩利润空间，但国有企业在政府资源、社会资源方面有着显著的优势，企业在市场占有率和市场控制力上也存在着较大的优势（林泉、邓朝晖和朱彩荣，2010）。因此，国有性质单位有动因、也有实力对员工权益进行较好的保障。

三资企业则大多资金和技术水平较高，盈利能力较强，故有实力给予员工较好的保障。另外，很多三资企业会延续母公司的管理哲学和管理模式，往往给予员工较多的尊重，对员工权益的保障也相对较好。

相反地，民营企业经济实力弱被认为是员工权益难以保障的直接原因（尹凤婷、赵秋杭，2008）。民营企业往往规模不大，多为中小型企业，生产的产品一般为百姓生活必需的日用产品和一般技术的配套产品，其工艺相对不复杂，技术含量相对较低（赵琪、范德成，2009），因此民营企业往往面临模糊的市场、激烈的竞争环境、微利的经营效果和巨大的经营风险。故部分民营企业在人才保障上常常选择逃避或降低国家规定的相关标准。

另外，民营企业常常采用家长式管理模式，往往由一位有经验的、强有力人物为决策者，重要职位往往由家族成员或直系亲属担任，企业经营行为规范在企业经济管理过程中也通常被伦理规范代替（赵琪、范德成，2009）。因此，集权的家长作风和管理规范的缺失往往成为民营企业管理模式的重要标志。集权的家长作风下员工没有机会去影响上级或组织的相关决策，提高了相关管理者的决策违反员工期望的可能，并且也无法通过规范的管理制度和流程使得员工与上级或组织之间达成部分公正对待规范的一致认知。故相比国有性质单位和三资企业，民营企业的上级或组织的决策违反员工认定的不公正对待规范的可能性也就更高。因此，民营企业员工遭遇不公正对待的可能性应更大，故本课题研究提出下列假设：

假设 6:相比其他性质的单位,民营企业员工遭遇不公正对待的可能性较大。

(6) 行业性质。制造业常常依靠正式的控制机制(例如政策和程序)去指导成员的工作,同时具有明确的劳动分工,并以此为基础进行工作分析和流程设计(Chatman 和 Jehn, 1994;冯明、付茂华和尹明鑫,2007)。余勃(2017)将制造业用工模式总结为 6 大特点:第一,深度细化的专业分工。生产线上的工人仅完成制造产品的某一道工序,技术简单、动作重复性高。第二,以时间动作研究为基础制定科学化操作规程,动作时间控制精确到秒。第三,工作纪律严格。工人工作节奏和休息时间有严格规定。第四,为保证目标实现,基层管理者现场控制,有直接的奖罚权。第五,设计以鼓励加班为导向的激励机制。第六,为保证效率,培育以服从为核心理念的企业文化。制造业的集权管理模式虽然会带来较高的生产效率,但不可避免地忽视了劳动者对相关决策的参与,也就更容易违反员工对上级或组织的角色期待(比如满足基本的自主需要、社会需要、尊重需要等)。Klaas(1989)推断,管理者或组织对员工行为的控制越强,则员工知觉到遭遇不公正对待的可能性越高,Cooke 等(2016)针对中国员工的访谈也得到了相同结论。因此,制造业员工认定的公正对待规范与上级或组织的相关决策发生冲突的可能性更高,故员工知觉到不公正对待的可能性更大。因此,本课题研究提出下列假设:

假设 7:相比服务业,制造业员工遭遇不公正对待的可能性较大。

(7) 单位规模。单位规模越大,则组织采用管理系统而非口头管理以降低管理成本的可能性越大,通过公开的管理系统和相关规定,员工和上级、组织之间达成部分公正对待规范一致认知的可能性越大,因此,上级或组织违反员工认定的公正对待规范的可能性也就越小,于是员工遭遇不公正对待的可能性越小。从以往国外劳动争议的统计中也发现,规模较小的公司报告了更多的员工申诉(Walker 和 Hamilton, 2011)。故本课题研究提出下列假设：

假设8：单位规模越大，则员工遭遇不公正对待的可能性越小。

（8）随和性。随和性表示利他、友好、富有爱心。随和性得分高的人乐于助人、可信赖和富有同情心，注重合作而不强调竞争；易于相信他人是善良的和好意的；易于遵从和听从他人的意见，遵从他人的愿望，服从他人的决定（Costa和MeCrae，1985）。一方面，当上级或组织违反高随和性员工认定的公正对待规范时，高随和性员工会将此不公正对待归因为外部因素，并认为上级或组织值得信赖，并无恶意，从而知觉到不公正对待的可能性也就越小。另一方面，高随和性员工针对此不公正对待实施惩罚性公平（正式申诉和工作偏差行为）的可能性也会下降，使得上级或组织实施不公正对待时顾虑更小。但考虑到员工对不公正对待的归因在先，而针对不公正对待的惩罚性公平在后，故本课题研究认为员工随和性越高，则员工遭遇不公正对待的可能性更小。综上，本课题研究提出下列假设：

假设9：员工随和性程度越高，则遭遇不公正对待的可能性越小。

（9）员工力量。根据力量依赖理论（Emerson，1972），个体的力量来自对另一个个体的相对依赖性。因此，当员工在组织内越依赖于另一个个体（例如同事、上级、组织等）时，则员工和此个体相比较，其力量越弱，并在谈判中更容易处于劣势。当员工在自己工作领域的工作能力越强时，则上级或组织选择控制该员工行为的可能性越小，而员工影响上级或组织的决策的可能性越大。另外，当员工力量越强，则员工遭遇不公正对待后实施报复行为的可能性越大，对相关责任人的伤害也越大，故上级或者组织选择侵犯其利益或引发冲突的可能性应越小。综上，员工力量越强，则其知觉到不公正对待的可能性越小。因此，本课题研究提出下列假设：

假设10：员工力量程度越高，则遭遇不公正对待的可能性越小。

（10）尊从权威。员工尊从权威的价值观程度越高，代表对权威的尊敬程度越高，凡事都要征求权威意见，重大事情都要听从权威的决策，即便权威的决策有失偏颇也不会反对，也会说服自己接受权威的决定（王庆娟、张金成，2012）。因此，对权威的尊敬程度越高，当权威（上级或组织）违反其公正对待规范时，更容易归因于外部因素，并认为上级或组织值得信赖，并无恶意，从而知觉到不公正对待的可能性也就越小。并且高尊从权威价值观员工针对此不公正对待实施惩罚性公平（正式申诉和偏差行为）的可能性也会下降，因此上级或组织实施不公正对待时顾虑更小。但综合来看，考虑到不公正对待最先来自员工的归因，因此，本课题研究认为具有高尊从权威价值观的员工遭遇不公正对待的可能性较低。综上，本课题研究提出下列假设：

假设 11：员工尊从权威程度越高，则遭遇不公正对待的可能性越小。

（11）威权领导。华人企业组织中的领导者往往具有类似家长的权威而产生的特殊领导风格，使领导者与下属之间的社会距离较大，且领导者往往集权力于一身，在管理上根据个人意志作出决策，下属在大部分的情境中只能听命行事和绝对服从权威（李锐、凌文辁和柳士顺，2012）。威权领导具有四个重要的成分：a.专权作风，即领导者大权独揽而不愿授权；倾向于自己作决定，不让员工参与决策；只进行上对下的沟通，对信息加以控制而不愿公开；对下属进行严密的监控。b.贬抑部属的能力，即领导者故意漠视下属的建议与贡献；当工作目标达成时，他们会将之归为自己领导有方，而非下属的贡献；当工作失败时，他们则会将之归为下属努力不够或能力不足，而非领导者的问题，进而贬抑下属的能力。c.形象整饰，即领导者会维护自己的尊严，表现出信心并操控相关消息。d.教诲行为，即领导者对下属提出较高的绩效要求，对绩效表现不佳的下属加以直接的斥责，数落下属的不是，并会对下属加以指导（郑伯埙等，2003）。

因此，一方面，威权领导程度越高，由于上级的专权作风，员工参与决策机会更少，则影响上级相关决策的机会下降，故上级违反其公正对待规范的机会会增加。另一方面，威权领导强调绝对的服从，员工选择正式申诉或实施工作偏差行为来报复上级是不受鼓励的，故员工被迫放弃实施惩罚性公平的可能性也较高。因此，综合来看，上级威权领导程度越高，则员工知觉到不公正对待的可能性也就越大。因此，本课题研究提出下列假设：

假设12：上级威权领导程度越高，则员工遭遇不公正对待的可能性越大。

(12) 集体主义文化。集体主义文化是相对于个人主义文化来说的，两种文化模式的区别主要反映在个体如何处理个人目标和群体目标的关系上。在北美、西欧等个体主义取向的文化中，人们把个人目标置于集体目标之上，注重个人能力、个人成就，强调自由选择、自我价值、自我实现以及自我与他人的不同，鼓励在公众场合表达个人特性。相反地，在中国、印度、日本及拉美等集体主义取向的文化中，人们把集体目标置于个人目标之上，注重自我与他人联系，人与人之间的和睦和相互依赖，个体对群体的义务和责任，强调为群体利益而放弃个体利益（吕庆燕、王有智和王振宏，2010）。

一方面，在集体主义文化情境下，组织鼓励员工服从组织利益，员工参与决策机会更少，则影响上级或组织相关决策的机会下降，故上级或组织违反员工认定的公正对待规范的机会会增加。另一方面，当上级或组织的决策违反员工认定的公正对待规范时，在集体主义文化情境下，员工选择正式申诉或实施工作偏差行为来报复上级或组织是不受鼓励的，故员工实施惩罚性公平给相关责任人增加成本的可能性会大大下降。因此，综合来看，在集体主义文化情境下，员工知觉到不公正对待的可能性更大。综上，本课题研究提出下列假设：

假设13：集体主义文化程度越高，则员工遭遇不公正对待的可能性越大。

(13) 申诉体系。申诉体系是指组织内对于员工申诉在“何时、何地并且怎么样被解决”的相关政策和程序(Bemmels 和 Foley, 1996)。组织所提供的申诉体系不仅有利于员工解决其不满,同时也会对组织产生积极的影响(Freeman 和 Medoff, 1985)。

首先,申诉体系可以帮助组织快速发现问题,并获得和问题相关的具体信息(Walker 和 Hamiltion, 2011)。组织可以据此改善员工的工作条件并改进组织的管理体系(Olson-Buchanan, 1996),从而避免类似问题的再次产生。因此,如果一个组织具备申诉体系,则上级或组织较容易了解员工认定的公正对待规范,故违反员工认定的公正对待规范的机会将减少,产生侵害员工利益的事件也会减少。相反地,当一个组织没有申诉体系时,组织较难获悉员工遭遇不公正对待的情况,产生不公正对待的土壤或条件仍然存在,自然提高了员工在组织内遭遇不公正对待的可能性。

其次,当员工通过申诉体系进行申诉时,这些申诉内容将被记录在案,往往带给上级或组织不善管理或不尊重员工的负面标签,并且通过申诉系统的协助,员工纠正上级或组织相关决策的力量将会加强,因此,如果组织内建立了申诉体系,上级或组织实施不公正对待会给自己带来的损失也会较大。综上,组织中存在正式申诉体系时,员工遭遇不公正对待的可能性会大大下降。故本课题研究提出下列假设:

假设 14:组织中存在正式申诉体系,则员工遭遇不公正对待的可能性更小。

4.2.3 相关变量对员工不公正对待知觉影响的研究结果

在相关变量对员工不公正对待知觉影响的研究中,因变量为员工在过去 1 年是否遭遇过上级或组织不公正对待,其中,没有遭遇过不公正对待设定为 0(共 238 人),遭遇过设定为 1(共 382 人)。自变量是人口统计学变量(如性别、年龄)、个体特征变量(如随和性、力量)和组织特征变量(如集体主义文化、是否存在申诉体系)等。自变量与因变量——“是否遭遇不公正对待”进行逻辑回归具体结果如表 4-3 所示。

表 4-3　相关变量对员工是否遭遇不公正对待的影响（$N=620$）

序号	变量	B	Exp(B)
1	性别	－0.04	0.97
2	年龄	－0.15	0.86
3	受教育程度	－0.22	0.80
4	累计工龄	0.01	1.01
5	与上级共事时间	－0.02	0.98
6	单位性质	0.02	1.02
7	行业性质	－0.34*	0.71
8	单位规模	0.08	1.08
9	随和性	0.09	1.10
10	力量	－0.04	0.96
11	尊从权威	－0.02	0.98
12	威权领导	0.65***	1.92
13	集体主义文化	0.15*	1.16
14	申诉体系	－0.48*	0.62

注：* 表示 $p<0.05$，*** 表示 $p<0.001$。

从表 4-3 的结果可以发现，当员工是否遭遇过不公正对待（水平数值 0 为没有，1 为遭遇过）为因变量，行业性质（制造业设定为 0，服务业设定为 1）（$b=-0.34$，$p<0.05$，$OR=0.71$）、威权领导（$b=0.65$，$p<0.001$，$OR=1.92$）、集体主义文化（$b=0.15$，$p<0.05$，$OR=1.16$）、申诉体系（组织中有申诉体系设定为 1，没有申诉体系设定为 0）（$b=-0.48$，$p<0.05$，$OR=0.62$）作为自变量时，Wald 检验值显著。并且，员工在制造业中遭遇不公正对待的可能性是在服务业的 1.41 倍（即 1/0.71）；上级威权领导的

程度每高一个单位，则员工遭遇不公正对待的可能性将提高 92%[①]；员工知觉到的集体主义文化的程度每高一个单位，则员工遭遇不公正对待的可能性将提高 16%；组织内没有正式申诉体系的员工要比组织内有申诉体系的员工遭遇不公正对待的可能性高 1.61 倍(即 1/0.62)。

并且，影响关系显著的 4 个变量的方向也与假设方向保持一致。具体来说：a.相比服务业，制造业更强调纪律和服从，因此员工参与决策更少，而违反员工认定的公正对待规范的可能性更高，故遭遇不公正对待的可能性更高。b.上级的威权领导以及组织的集体主义文化都强调个人应服从权威或集体[②]。可以认为，强调员工的服从更容易导致员工产生不公正对待知觉。因此，在实践中对于员工有较大利益影响的决策应鼓励员工参与决策，而非要求员工绝对的服从。c.研究结果表明当组织中没有申诉体系时，员工更容易遭遇上级或组织的不公正对待。本课题研究认为申诉体系有利于将员工认定的公正对待规范的信息反馈给上级或组织，并且申诉体系也放大了相关责任人实施不公正对待的成本，从而减少了相关责任人的实施动机。该研究结果与郑晓涛等(2017b)的研究结论(申诉体系有效性越高则员工遭遇不公正对待的可能性越小)基本一致。因此，在实践中组织应建立申诉体系以降低员工遭遇不公正对待的可能性。对于规模较小的组织，申诉体系可以只是简单的申诉流程或程序；对于具备一定规模的组织则可以设立专门的部门(工会或人力资源部)，并设立专门的岗位负责。

---

① 此次调查搜集的数据还无法考察是否上级威权领导水平越高，则员工更容易遭遇上级的不公正对待，但就员工提名的负面影响程度最大的不公正事件中($n=382$)，威权领导水平每提高一个单位，则上级为该事件责任人的概率是组织为责任人概率的 1.32 倍($b=-0.27$, $OR=0.76$, $p<0.001$)。因此可以从侧面说明，当上级威权领导程度越高，则员工更容易遭遇上级的不公正对待。

② 根据本次调查($N=620$)，制造业在集体主义文化水平上显著高于服务业，制造业均值=5.47，服务业均值=5.21，$F=8.23$，$p<0.01$；制造业的威权领导水平均值高于服务业，但并不显著，制造业均值=4.30，服务业均值=4.19；集体主义文化和威权领导显著相关，$r=0.16$，$p<0.001$。

4.3　不公正对待对员工相关工作态度和行为的影响

4.3.1　是否遭遇不公正对待的情境下，员工相关工作态度和行为的现状

图 4-6 表示在遭遇不公正对待和未遭遇不公正对待情境下，员工相关工作态度和行为的现状。从图 4-6 中可以发现：

（1）未遭遇不公正对待的员工对上级和组织的信任、工作满意度、组织承诺均值都明显高于遭遇过不公正对待的员工。

（2）未遭遇不公正对待员工的工作偏差行为的均值明显低于遭遇过不公正对待的员工。

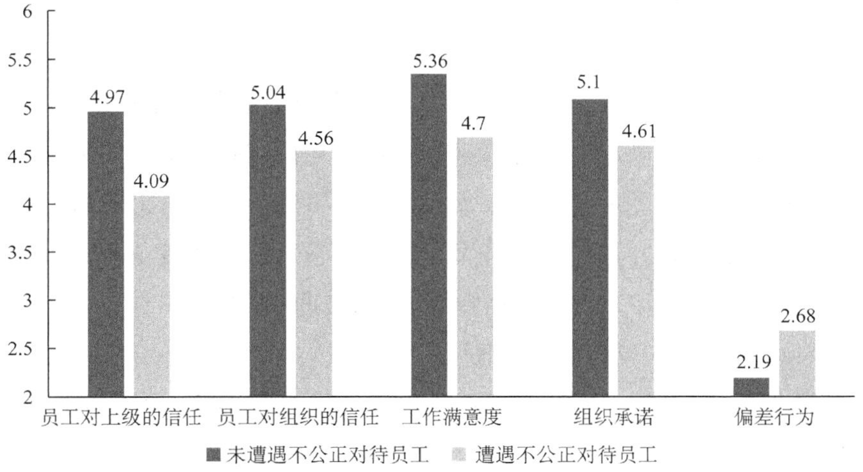

图 4-6　是否遭遇不公正对待的情境下员工相关态度和行为的均值（N=620）

4.3.2　不公正对待对员工相关工作态度和行为影响的研究假设

（1）不公正对待与信任。信任是个体收益依赖他人并且此收益存在风

险时，个体对他人对己收益影响的预期和假设(Romano, 2003)。如果个体预期他人对己收益的影响为正，则存在正的信任；如果收益为负，则为不信任；如果预期正的影响很大，则为高度信任，影响很小，则低度信任；如果预期负的影响很大，则为高度不信任，影响很小，则低度不信任。当员工遭遇上级或组织的一次不公正对待后，则再次遭遇该责任人不公正对待的预期会提高(Olson-Buchanan 和 Boswell, 2008)，也即预期相关责任人对自己收益的影响为负的可能性更高，因此，对相关责任人信任的程度会下降。考虑到上级是组织相关命令和政策的执行人和代理人(李锐、凌文辁和柳士顺，2009)，员工对上级的不信任也会影响对组织的不信任，而对组织的不信任也会影响对上级的不信任。因此，本课题研究提出下列假设：

假设 15：相比未遭遇不公正对待的员工，遭遇过不公正对待的员工对上级的信任更低。

假设 16：相比未遭遇不公正对待的员工，遭遇过不公正对待的员工对组织的信任更低。

(2) 不公正对待与工作满意度。根据工作满意度的差距性定义，即工作满意度是员工的满足程度，取决于员工在特定的工作环节中实际获得与其预期应得之间的差距(Greenberg 和 Baron, 1997)。当员工遭遇不公正对待，即上级或组织向员工采取不规范的负面行为或终止规范的正面行为(Cortina 和 Magley, 2003)，显然降低了员工实际获得，故工作满意度会下降。因此，本课题研究提出下列假设：

假设 17：相比未遭遇不公正对待的员工，遭遇过不公正对待的员工的工作满意度更低。

(3) 不公正对待与组织承诺。公平理论的关系模式认为，人们通过评价自己所受到的待遇是否公平，进而确定自己在组织中的社会认可和自我价值(Tyler, Degoey 和 Smith, 1996)。因此公平与否会影响到员工参与组织社会交往的程度，以及对组织目标和价值观的认同。根据员工—组织匹配理论(Kristorf, Jansen 和 Colbert, 2002),员工的目标和价值观与组织的目标和价值观越匹配,员工越可能对组织做出更高的承诺;反之,员工就会降低承诺甚至离开组织。类似的,当员工遭遇上级或组织的不公正对待后,也会降低员工对自己在组织中的社会认可和自我价值的认知,从而降低对组织目标和价值观的认同,并进一步降低其组织承诺。因此,本课题研究提出下列假设:

假设 18:相比未遭遇不公正对待的员工,遭遇过不公正对待的员工的组织承诺更低。

(4) 不公正对待与工作偏差行为。社会交换理论的互惠原则认为,人们应当帮助那些帮助过他们的人;人们也不应当伤害那些帮助过他们的人(Goulder, 1960)。所以,当员工与上级或组织的社会交换关系质量较高时,意味着上级或组织会给予员工合同之外的关照、信任和尊重,从而帮助员工有效应付环境压力并完成本职工作。作为回报,员工也有“义务”重视和维护上级或组织的整体目标和利益,同样实施角色外的行为给上级或组织提供帮助,从而保持交换的平衡。相反地,当员工知觉到上级或组织的不公正对待后,为了保证交换的平衡,员工也会采取行为(例如工作偏差行为)纠正这种不公平的状态。因此,本课题研究提出下列假设:

假设 19:相比未遭遇不公正对待的员工,遭遇过不公正对待的员工的工作偏差行为更高。

4.3.3 不公正对待对员工相关工作态度和行为的研究结果

本部分通过方差分析考察遭遇过不公正对待员工对相关工作态度和行为变量的影响。具体结果如表 4-4 所示。

从表 4-4 可以看到:

(1) 未遭遇过不公正对待的员工(共 238 人)在对上级的信任($F=85.46$, $p<0.001$)、对组织的信任($F=28.38$, $p<0.001$)、工作满意度

表 4-4　员工是否遭遇过不公正对待对相关工作态度和行为的影响($N=620$)

变量	没有遭遇过($n=238$)		遭遇过($n=382$)		F 值
	均值	标准差	均值	标准差	
员工对上级的信任	4.97	1.01	4.09	1.21	85.46***
员工对组织的信任	5.04	1.06	4.56	1.12	28.38***
工作满意度	5.36	1.11	4.70	1.24	43.35***
组织承诺	5.10	1.26	4.61	1.50	17.91***
工作偏差行为	2.19	0.96	2.68	1.29	25.26***

注：*** 表示 $p<0.001$。

($F=43.35$，$p<0.001$)和组织承诺($F=17.91$，$p<0.001$)的水平显著高于遭遇过不公正对待的员工(共 382 人)。也即遭遇过不公正对待后，员工对上级和组织的信任以及工作满意度和组织承诺都会显著下降。

(2) 未遭遇过不公正对待的员工的工作偏差行为水平也显著低于遭遇过不公正对待的员工($F=25.26$，$p<0.001$)。也即遭遇过不公正对待后，员工的工作偏差行为会显著提高。

该研究结果与以往组织公平的研究结果一致。以往研究发现：组织公平同积极的工作态度、组织承诺、在职意愿、对管理层的信任、对组织规则的遵从和接受、工作绩效正相关，而与工作偏差行为负相关(林帼儿、陈子光和钟建安，2006)。另外，与“不公正对待”为主题的研究结果相比较则并非完全一致，例如 Boswell 和 Olson-Buchanan(2004)的研究表明员工遭遇不公正对待会报告更多的组织退缩行为(即更高的离职倾向和工作搜寻行为)，但工作偏差行为并无区别。

总之，本章研究结果表明组织采取针对性措施来降低员工遭遇不公正事件的发生是非常必要的。

第5章

反应路径

本章重点研究的对象为员工遭遇不公正对待后的反应路径，基于数据搜集的调查结果，主要讨论三个部分的内容：员工遭遇不公正对待后会采取什么样的反应路径；什么因素会影响员工反应路径的选择；员工的反应路径对后续的相关工作态度和行为的影响。

5.1 反应路径的现状

5.1.1 实际遭遇不公正对待情境下的反应路径

遭遇不公正对待的382名员工回忆了对其负面影响程度最大的一次不公正事件，并报告了针对此不公正事件所选择的反应路径。具体如表5-1和图5-1所示。

表5-1 员工遭遇不公正对待后的反应路径

编号	反应路径	实际不公正情境下的反应方式		虚拟的上级不公正对待下的反应方式		虚拟的组织不公正对待下的反应方式	
		小计	比例	小计	比例	小计	比例
1	保持沉默，对不公正结果只好选择接受	72	18.9%	22	9.2%	30	12.6%

(续表)

编号	反应路径	实际不公正情境下的反应方式		虚拟的上级不公正对待下的反应方式		虚拟的组织不公正对待下的反应方式	
		小计	比例	小计	比例	小计	比例
2	和此不公正事件相关责任人私下沟通并得到满意解决	55	14.4%	69	29.0%	40	16.8%
3	先和此不公正事件相关责任人私下沟通,但并不满意沟通结果;但最终选择沉默,并对不公正结果只好选择接受	103	27.0%	32	13.5%	39	16.4%
4	先和此不公正事件相关责任人私下沟通,但并不满意沟通结果;然后选择通过单位内相关申诉机构或依照单位的申诉流程进行正式申诉并得到满意解决	65	17.0%	45	18.9%	39	16.4%
5	先和此不公正事件相关责任人私下沟通,但并不满意沟通结果;然后选择通过单位内相关申诉机构或依照单位的申诉流程进行正式申诉,但不满意申诉结果;但最终选择沉默,并对不公正结果只好选择接受	29	7.6%	17	7.1%	20	8.4%
6	先和此不公正事件相关责任人私下沟通,但并不满意沟通结果;然后选择通过单位内相关申诉机构或依照单位的申诉流程进行正式申诉,但不满意申诉结果;最终寻求单位外相关机构协助解决遭遇的不公正对待	14	3.7%	31	13.0%	37	15.6%

（续表）

编号	反应路径	实际不公正情境下的反应方式		虚拟的上级不公正对待下的反应方式		虚拟的组织不公正对待下的反应方式	
		小计	比例	小计	比例	小计	比例
7	先和此不公正事件相关责任人私下沟通，但并不满意沟通结果；然后选择寻求单位外相关机构协助解决遭遇的不公正对待	14	3.7%	8	3.4%	13	5.5%
8	直接通过单位内相关申诉机构或依照单位的申诉流程进行正式申诉并得到满意解决	10	2.6%	10	4.2%	16	6.7%
9	直接通过单位内相关申诉机构或依照单位的申诉流程进行正式申诉，但不满意申诉结果；但最终选择沉默，并对不公正结果只好选择接受	7	1.8%	1	0.4%	0	0%
10	直接通过单位内相关申诉机构或依照单位的申诉流程进行正式申诉，但不满意申诉结果；最终寻求单位外相关机构协助解决遭遇的不公正对待	9	2.4%	2	0.8%	4	1.7%
11	直接选择单位外相关机构协助解决遭遇的不公正对待	4	1.1%	1	0.4%	0	0
	总计	382	100%	238	100%	238	100%

从表5-1和图5-1的路径中可以进一步发现：

(1) 在遭遇不公正对待的情况下，选择申诉表达自己意见的有310名员工，占比为81.1%；而选择沉默的有72名员工，占比为18.9%。

(2) 在申诉的310名员工中，选择先使用非正式申诉的有280人，占比为90.3%；而选择直接使用正式申诉(包括组织内和组织外正式申诉)的有30人，占比为9.7%。该结果与Lewin(1987)的访谈结论是一致的，即员工遭遇不公正对待不会直接使用正式申诉，而是先通过非正式申诉寻求解决。并且，该结果显示的非正式申诉和正式申诉的员工比例与 Lewin 和 Peterson（1988）研究中对此的估计比例（10∶1）也是接近的。

（3）在选择非正式申诉的 280 名员工中，通过非正式申诉将争议满意解决的有 55 人，占比 19.6%；没有得到满意解决，但选择保持沉默的有 103 名，占比 36.8%；没有得到满意解决，于是进一步选择组织内正式申诉的有 108 人，占比 38.6%；没有得到满意解决，于是进一步选择组织外正式申诉的有 14 人，占比 5.0%。

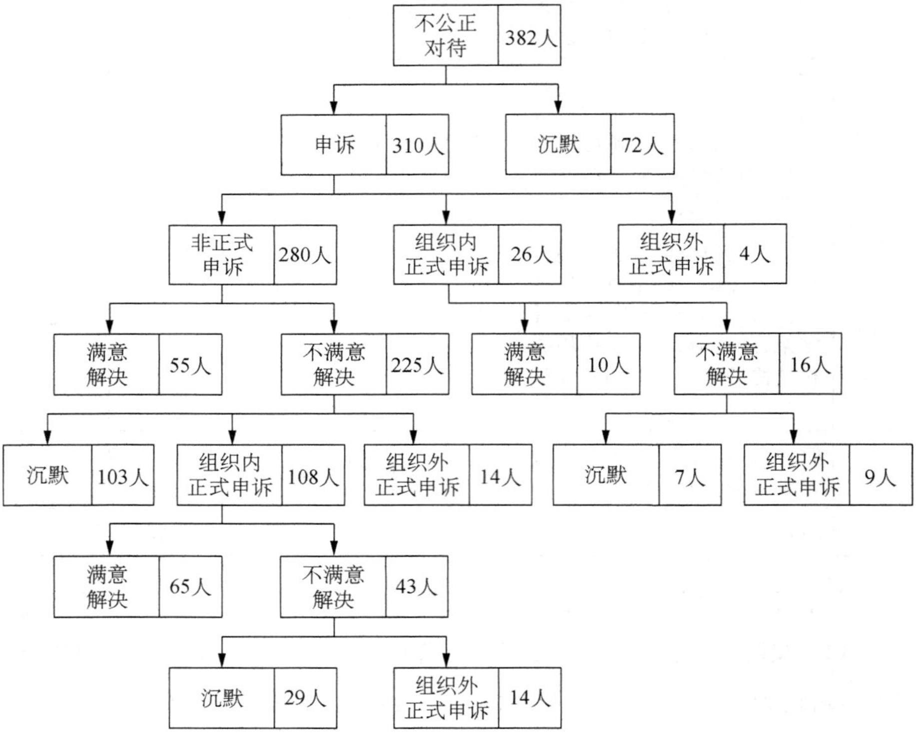

图 5-1　员工遭遇实际不公正对待后的反应路径[①]（$n=382$）

① 图中每个节点后的数字即选择此路径的员工人数。

(4) 在非正式申诉不满意而选择组织内正式申诉的108名员工中，有65名员工得到了满意解决，占比60.2%；有29名员工没有得到满意解决，但选择保持沉默，占比26.9%；有14名员工没有得到满意解决，于是进一步选择组织外正式申诉，占比13.0%。

(5) 没有选择非正式申诉而直接选择正式申诉的30名员工中，选择组织内正式申诉体系的有26人，占比86.7%；直接选择组织外相关机构协助解决的有4人，占比13.3%。

(6) 直接选择组织内正式申诉的26名员工中，得到满意解决的有10名，占比为38.5%；没有满意解决但选择沉默的有7名员工，占比26.9%；没有满意解决并进一步选择组织外正式申诉的有9名，占比34.6%。

5.1.2 虚拟情境下遭遇上级不公正对待后的反应路径

未遭遇不公正对待的238名员工填答了虚拟的遭遇上级不公正对待后的反应路径。具体如表5-1和图5-2所示。

从表5-1和图5-2的路径中可以进一步发现：

(1) 在没有遭遇不公正对待的238名员工中，如果遭遇上级不公正对待，则选择申诉表达自己意见的有216名员工，占比90.8%；而选择沉默的有22名员工，占比9.2%。

(2) 选择申诉的216名员工中，选择先使用非正式申诉的有202人，占比93.5%；而选择直接使用正式申诉(包括组织内和组织外正式申诉)的有14人，占比6.5%。

(3) 选择非正式申诉的202名员工中，认为通过非正式申诉可以得到满意解决的有69人，占比34.2%；认为可能无法得到满意解决，并选择放弃进一步申诉并保持沉默的有32人，占比15.8%；认为无法得到满意解决，于是进一步选择组织内正式申诉的有93名，占比46.3%；没有得到满意解决，于是进一步选择组织外正式申诉的有8名，占比4.0%。

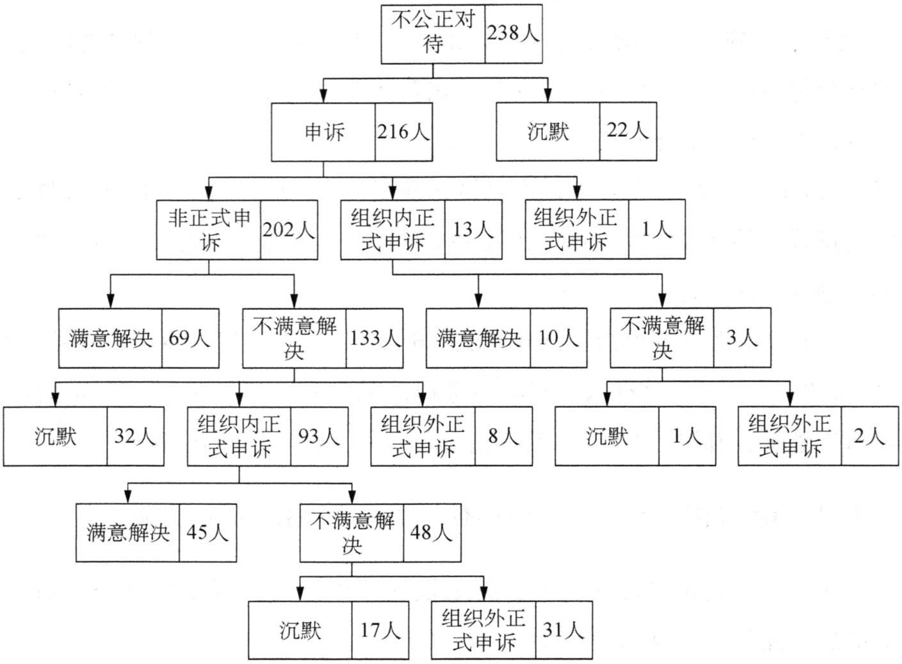

图 5-2　虚拟的员工遭遇上级不公正对待后的反应路径($n=238$)

(4) 在认为非正式申诉可能无法满意的情况下,选择组织内正式申诉的 93 名员工中,45 名员工认为可以得到满意解决,占比 48.4%;17 名员工认为无法得到满意解决,会选择保持沉默,占比 18.3%;31 名员工认为可能没有得到满意解决,会进一步选择组织外正式申诉,占比 33.3%。

(5) 直接选择正式申诉的 14 名员工中,选择组织内正式申诉体系的有 13 名,占比 92.9%;直接选择组织外相关机构协助解决的有 1 名,占比 7.1%。

(6) 直接选择组织内正式申诉的 13 名员工中,认为会得到满意解决的有 10 名,占比 76.9%;没有满意解决但选择沉默的有 1 名员工,占比 7.7%;没有满意解决并进一步选择组织外正式申诉的有 2 名,占比 15.4%。

5.1.3 虚拟情境下遭遇组织不公正对待后的反应路径

未遭遇不公正对待的 238 名员工同时填答了虚拟的遭遇组织不公正对待后的反应路径。具体如表 5-1 和图 5-3 所示。

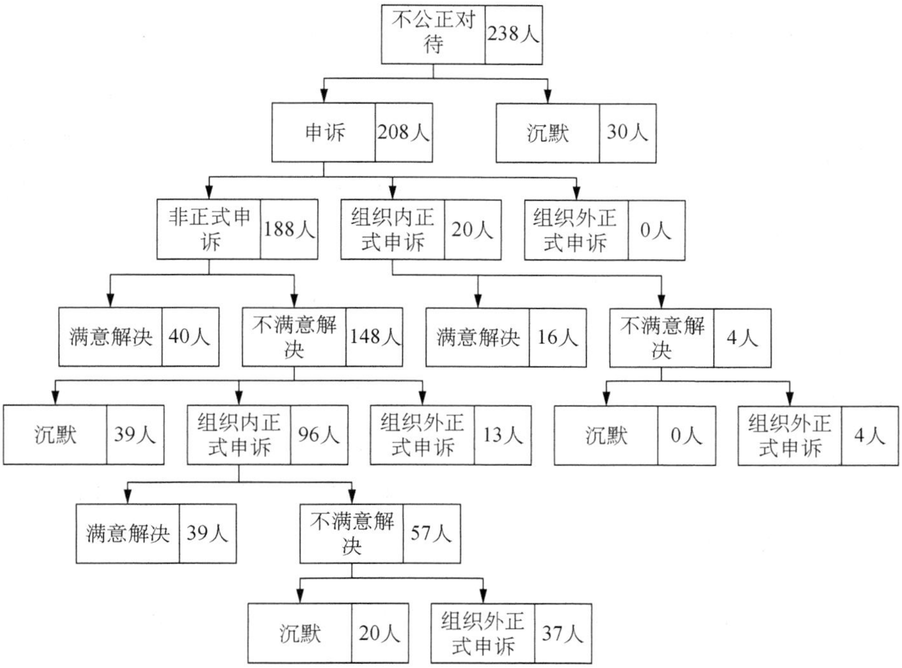

图 5-3 虚拟的员工遭遇组织不公正对待后的反应路径($n=238$)

从表 5-1 和图 5-3 的路径中可以进一步发现：

(1) 在没有遭遇不公正对待的 238 名员工中，如果遭遇组织不公正对待，则选择申诉表达自己意见的有 208 名员工，占比 87.4%；而选择沉默的有 30 名员工，占比 12.6%。

(2) 选择申诉的 208 名员工中，选择先使用非正式申诉的有 188 人，占比 90.4%；而选择直接使用正式申诉(包括组织内正式申诉和组织外正式申诉)的有 20 人,占比 9.6%。

(3) 选择非正式申诉的 188 名员工中,认为通过非正式申诉可以得到满意解决的有 40 人,占比 21.3%;认为可能无法得到满意解决,从而选择放弃进一步申诉并保持沉默的有 39 名,占比 20.7%;认为无法得到满意解决,于是进一步选择组织内正式申诉的有 96 名,占比 51.1%;认为无法得到满意解决,于是进一步选择组织外正式申诉的有 13 名,占比 6.9%。

(4) 在认为非正式申诉可能无法取得满意结果的情况下,选择组织内正式申诉的 96 名员工中,39 名员工认为可以通过正式申诉得到满意解决,占比 40.6%;20 名员工认为组织内正式申诉也无法得到满意解决,于是选择保持沉默,占比 20.8%;37 名员工认为组织内正式申诉可能也无法得到满意解决,于是进一步选择组织外正式申诉,占比 38.5%。

(5) 直接选择正式申诉的 20 名员工中,全部都选择了组织内正式申诉体系,没有 1 人选择组织外相关机构协助解决。

(6) 在直接选择组织内正式申诉的 20 名员工中,认为能得到满意解决的有 16 名,占比 80%;认为无法得到满意解决并进一步选择组织外正式申诉的有 4 名,占比 20%。

5.1.4 实际和虚拟情境下遭遇不公正对待后的反应路径的比较

考虑到组织内正式申诉和组织外正式申诉都涉及记录下相关申诉记录,或使用有约定的申诉流程,且都有承担相应工作的第三方参与,故都会对相关责任人的权威存在明确挑战,因此性质较为相似,再加上有些组织并没有组织内正式申诉体系。因此,对于反应方式 4(员工选择组织内正式申诉还是组织外正式申诉)以及反应方式 5(组织外正式申诉还是沉默)的考察在本书中暂不考虑。

(1) 反应方式 1:遭遇不公正对待后,选择沉默和还是申诉? 实际遭遇不公正对待的 382 名员工中，81.2％的员工（共 310 人）选择了申诉，有 18.9％的员工（72 人）选择直接沉默，放弃不公正对待的解决。在虚拟的上级和组织不公正对待情境下（即没有遭遇不公正对待的 238 名员工中），分别有 90.8％（216 人）和 87.4％（208 人）的员工选择了申诉，只有 9.2％（22 人）和 12.6％（30 人）的员工选择了直接沉默。具体如图 5-4 所示。

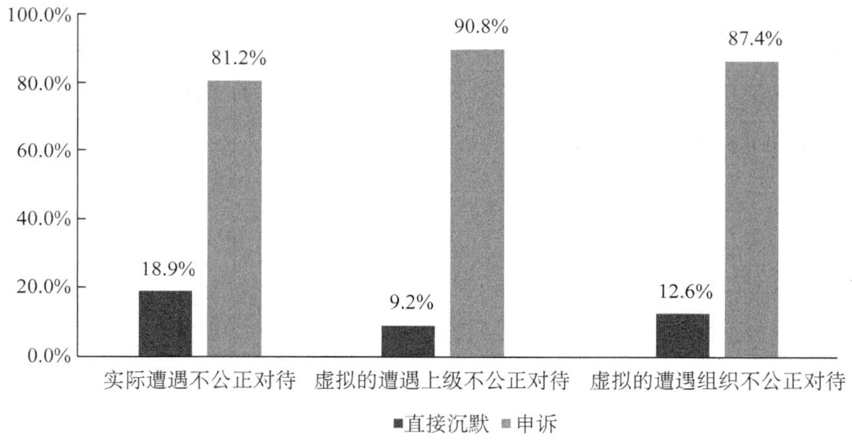

图 5-4　实际和虚拟不公正对待的反应方式：直接沉默还是申诉

图 5-4 可以发现，员工不论遭遇实际的还是虚拟的不公正对待，选择申诉来解决争议的比例都要远远高于直接沉默。另外，实际遭遇不公正对待的员工要比虚拟的不公正对待员工报告更多比例的直接沉默。本书认为原因可能在于未遭遇不公正对待的员工对上级和组织的信任程度更高①，因此更相信通过申诉可以解决相关责任人的不公正对待，并且无需担心相关责任人的打击报复。最后，虚拟的上级不公正对待情境下的员工，要比虚拟的组织不公正对待下的员工报告更多的申诉和更少的直接沉默。

① 第 4 章（不公正对待）的研究结果表明，未遭遇过不公正对待的员工要比遭遇过不公正对待的员工报告了更高的对上级和组织的信任。

本书认为原因可能在于相比管理层,针对上级的沟通更容易实现。

(2) 反应方式 2:非正式申诉还是正式申诉? 在实际遭遇不公正对待并选择申诉的 310 员工中,有 90.3%的员工(280 人)先选择了非正式申诉,而 9.7%的员工(30 人)直接选择了正式申诉(包括组织内正式申诉和组织外正式申诉)。在虚拟的上级不公正对待并选择申诉的 216 名员工中,93.5%的员工(202 人)先选择了非正式申诉,而 6.5%的员工(14 人)直接选择了正式申诉。在虚拟的组织不公正对待并选择申诉的 208 名员工中,90.4%的员工(188 人)首先选择了非正式申诉,而 9.6%的员工(20 人)直接选择了正式申诉。具体如图 5-5 所示。

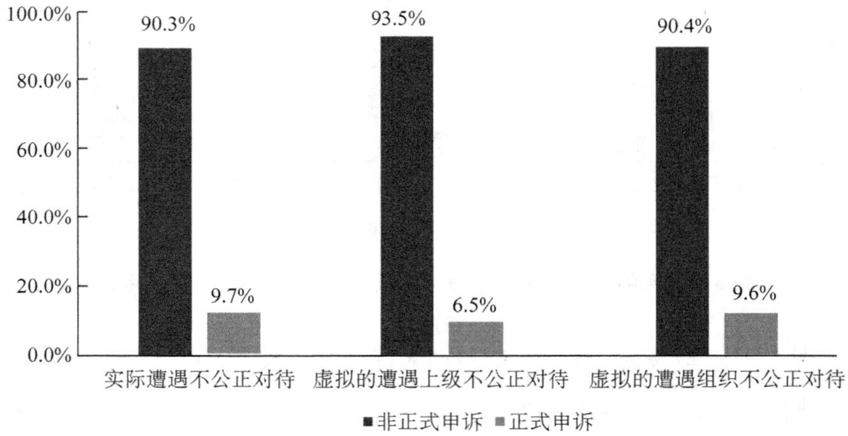

图 5-5 实际和虚拟不公正对待的反应方式:非正式申诉还是正式申诉

从图 5-5 可以发现,员工不论遭遇实际的还是虚拟的不公正对待,如果选择申诉来解决争议,最先的选择是非正式申诉。本书认为原因在于非正式申诉是私下进行的,相对正式申诉,对相关责任人的负面影响较小,从而引发责任人报复的可能性也相对较小。另外,虚拟的组织不公正对待情境下,员工直接使用正式申诉的比例要略高于虚拟的上级不工作对待的情境,本书认为原因在于当责任人是管理层时,纠正管理层的不公正对待决策难度更大，因此，员工使用正式申诉提高其协商力量以增加申诉成功的可能性。

(3) 反应方式3：正式申诉还是沉默？实际遭遇不公正对待的员工在非正式申诉后，225人认为非正式申诉并没有得到满意结果，有54.2%的员工(122人)选择了进一步正式申诉，而45.8%的员工(103人)选择了沉默，放弃进一步的协商。在虚拟的上级和组织不公正对待情境下，分别有133人和148人认为非正式申诉无法取得满意结果，并分别有75.9%(101人)和73.7%(109人)的员工选择了申诉，只有24.1%(32人)和26.4%(39人)的员工选择了沉默。具体如图5-6所示。

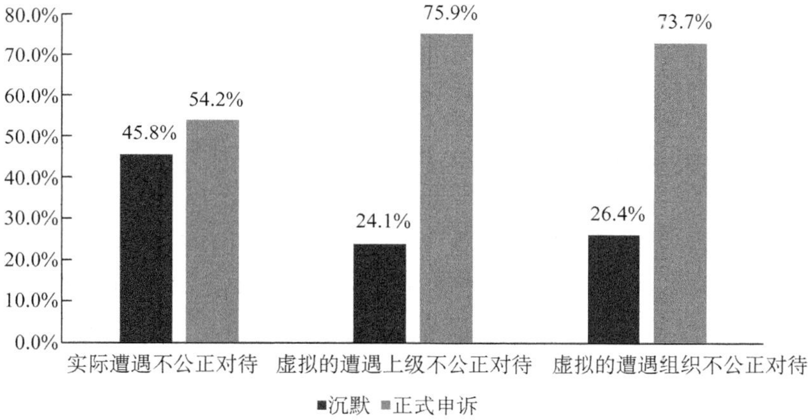

图5-6 实际和虚拟不公正对待的反应方式：沉默还是正式申诉

从图5-6可以发现，在非正式申诉得不到满意解决后，虚拟情境下(不管是虚拟的上级还是组织的不公正对待)要比实际情境下，员工选择正式申诉的比例高，而选择沉默的比例低。本书认为原因同样在于未遭遇不公正对待的员工对上级和组织的信任程度更高，因此更相信通过正式申诉可以解决相关责任人的不公正对待，并且无需担心责任人的打击报复。

5.2 相关变量对员工反应路径的影响

本节考察相关变量对员工遭遇不公正对待后的 3 种反应方式的影响。本节将分作 3 个部分进行报告：第一，提出相关变量对员工反应路径的影响机制；第二，提出具体假设；第三，报告相关变量对 3 种反应方式的影响结果。另外，此次实际不公正对待的调查为一次取样，被调查者先回忆发生的反应路径，再评价当前威权领导、力量等变量，故可能存在员工根据反应路径的结果，评价上级的威权领导和自身力量。而在虚拟情境的调查中，员工是根据对当前上级的威权领导和自身力量，才选择虚拟情境下自己的反应倾向。因此，使用虚拟情境的数据考察相关变量对员工反应路径的影响应更为合理。

5.2.1 相关变量对员工反应路径的影响机制

根据期望理论(Vroom，1964)，个体以某种特定方式行事的意愿强度取决于个体对某种特定结果及其吸引力的期望强度，也即实现某特定结果的机会大不大，并且此特定结果给自己的带来的好处多不多。Klaas(1989)认为可以借鉴期望理论(Vroom，1964)来分析员工选择正式申诉的原因，本书同样借鉴期望理论分析员工选择上述 3 种反应方式的原因。

对于申诉还是沉默的决策，“机会”也即申诉成功的可能性大不大；“好处”包括申诉成功后得到的收益减去申诉后责任人报复所带来的成本。具体陈述如下：

(1) 成功的可能性。申诉成功的可能性涉及申诉后能否取得令员工满意的申诉结果(也即能否纠正相关责任人的决策，或获得责任人的补偿)。当员工预期申诉成功的可能性越大，则员工选择申诉的可能性就越大，选择沉默的可能性也就越小；相反地，如果员工觉得申诉成功的可能性不大，还要承担申诉被报复的风险，则选择沉默的可能性就大。

(2) 收益。当申诉成功后，由于不公正对待被纠正而获得的收益越大，则员工选择申诉去解决争议的可能性就越大，选择沉默并放弃申诉的可能性也就越小；相反地，如果纠正不公正对待后收益并不大，还要承担申诉被报复的风险，则员工选择沉默并放弃申诉的可能性就高。

(3) 被报复的可能性。员工选择申诉被报复的可能性是指员工实施申诉行为(包括非正式和正式申诉)后，由于挑战了相关责任人的权威，导致责任人不满并选择报复的可能性。如果被报复的可能性越高，则员工选择申诉的可能性就越小，选择沉默的可能性就越大；相反地，如果员工预期申诉后被报复的可能性较小，则选择申诉的可能性就越大。另外，相比非正式申诉，使用正式申诉(包括组织内和组织外正式申诉)的员工常常被认为是一个麻烦制造者(Klaas 和 DeNisi，1989)，因此，根据组织惩罚理论(Wheeler，1976)，正式申诉要比非正式申诉给员工带来更高的报复可能性。

相关变量通过上述3个中介机制并进一步对员工反应方式的影响方向如表5-2所示。在表5-2中将3种反应方式的因变量合并，统一称为“总体影响”。另外，表中“＋”代表正的影响；“－”代表负的影响，具体陈述如下：

(1) 对于因变量“申诉还是沉默”来说，总体影响中“＋”代表相关变量导致员工选择“申诉”可能性更高；“－”代表相关变量导致员工选择“申诉”可能性更低。

表5-2 相关变量对员工反应方式的影响方向

序号	变量	收益	成功可能性	被报复的可能性	总体影响
1	性别		－	－	－
2	年龄		－	＋	－

（续表）

序号	变量	收益	成功可能性	被报复的可能性	总体影响
3	受教育程度		＋	－	＋
4	累计工龄		＋	－	＋
5	与上级共事时间		＋	－	＋
6	单位性质		－	－	＋
7	行业性质		－	＋	－
8	单位规模		＋	－	＋
9	随和性		－	－	－
10	外向性		＋	－	＋
11	力量		＋	－	＋
12	尊从权威		－	－	－
13	威权领导		－	＋	－
14	集体主义文化		－	＋	－
15	申诉体系		＋	－	＋
16	负面影响程度	＋	－		＋
17	员工对上级的信任		＋	－	＋
18	员工对组织的信任		＋	－	＋

（2）对于因变量“非正式申诉还是正式申诉”来说，总体影响中“＋”代表相关变量导致员工选择“正式申诉”可能性更高；“－”代表相关变量导致员工选择“正式申诉”可能性更低。

（3）对于因变量“沉默还是正式申诉”来说，总体影响中“＋”代表相关变量导致员工选择“正式申诉”可能性更高；“－”代表相关变量导致员工选择“正式申诉”可能性更低。

（4）对于中介机制变量“利益”“成功可能性”和“被报复的可能性”来说，“＋”代表相关变量对“收益”“成功可能性”和“被报复的可能性”有正向影响，也即收益更大、成功可能性更高、报复的可能性更高；“－”代表相关变量对“收益”“成功可能性”和“被报复的可能性”有负向影响，也即收益更低、成功可能性更低、被报复的可能性更低。

5.2.2 相关变量对员工反应路径影响的研究假设

(1) 性别、年龄和受教育程度。正如前文所讨论的，男性相对女性，往往具备更高的力量优势；员工年龄越大，则市场上可以获得的就业机会就越少，对现有工作就越珍惜，往往相对力量较小；受教育程度越高，则往往在组织内承担更大责任，力量也相对较大。因此，当员工遭遇不公正对待时，力量较大(男性、年龄较小、受教育程度较高)的员工会认为上级或组织不满足其要求(例如纠正错误或给予补偿)给上级或组织所带来的成本(例如该员工可以选择降低工作努力甚至离职)，要大于满足其要求的成本。因此，力量较大员工判断自己申诉成功的可能性更高，并且纠正相关责任人的不公正对待而被其报复的可能性较低。因此，相比较力量较大的员工(男性、年龄较小、受教育程度较高)，力量较小的员工(女性、年龄较大、受教育程度较低)选择沉默而非申诉的可能性会更大；当确定选择申诉，且面临选择非正式申诉还是正式申诉时，力量较小的员工(女性、年龄较大、受教育程度较低)选择非正式申诉的可能性相对较高。综上，本课题研究提出下列假设：

假设1：相比女性员工，男性员工遭遇不公正对待后选择申诉的可能性更大；当面临非正式申诉和正式申诉选择时，选择正式申诉的可能性更大；当非正式申诉没有满意解决时，进一步选择正式申诉的可能性更大。

假设2：员工年龄越大，则遭遇不公正对待后选择直接沉默的可能性越大；当面临非正式申诉和正式申诉选择时，选择非正式申诉的可能性更大；当非正式申诉没有满意解决时，进一步选择沉默的可能性更大。

假设3：员工受教育程度越高，则遭遇不公正对待后选择申诉的可能性越大；当面临非正式申诉和正式申诉选择时，选择正式申诉的可能性更大；当非正式申诉没有满意解决时，进一步选择正式申诉的可能性更大。

（2）累计工龄以及与上级共事时间。员工累计工龄以及与上级共事时间越长，则和上级及组织之间对于对方的决策特点、行为方式、价值观越了解，往往建立了相对亲密的联系。因此，当遭遇上级或组织的不公正对待，更容易联系到相关责任人，沟通起来也越容易，且通过沟通进行争议解决的可能性也越高。并且，由于较为亲密的联系，员工申诉被相关责任人施加报复的可能性也相对较低。因此，当员工遭遇不公正对待的时候，累计工龄和与上级共事时间较长的员工更倾向于申诉，而非沉默；当确定选择申诉，面临选择非正式申诉还是正式申诉时，累计工龄和与上级共事时间较短的员工选择非正式申诉的可能性相对较高。综上，本课题研究提出下列假设：

假设 4：员工累计工龄越长，则遭遇不公正对待后选择申诉的可能性越大；当面临非正式申诉和正式申诉选择时，选择正式申诉可能性更大；当非正式申诉没有满意解决时，进一步选择正式申诉的可能性更大。

假设 5：员工与上级共事时间越长，则遭遇不公正对待后选择申诉的可能性越大；当面临非正式申诉和正式申诉选择时，选择正式申诉可能性更大。

（3）单位性质、行业性质、单位规模。一方面，相比国有性质单位（政府部门、事业单位和国有企业）和三资企业，民营企业的管理系统和管理制度的建设相对落后。当员工遭遇不公正对待后，国有性质单位和三资企业员工可以通过相关管理规定或管理制度纠正上级或组织的不公正对待，因此申诉成功的可能性较高。而且这些管理规定和制度在一定程度上也保障了申诉员工权益，降低了员工申诉后被报复的可能性；相反地，由于缺乏这些管理系统和管理制度对于相关责任人的约束，民营企业员工申诉成功的可能性则较小。

另一方面，由于民营企业给予员工的待遇较差，保障水平也较低，因此，相比国有性质单位和三资企业，民营企业员工离职成本相对较低。现实中也常常出现民营企业不重视雇员的职业发展、薪酬福利、安全卫生，以及雇员频繁流动、擅自离职甚至敲诈企业的案例（魏下海、董志强和金钊，2015）。相反地，国有性质单位和三资企业给予员工保障相对较好，员工选择离职则损失较大。此外，当遭遇上级或组织的不公正时，民营企业员工选择申诉如果被报复，则通过离职逃避报复的可能性也很大，从而给予责任人报复的机会也大大下降；相反地，国有性质单位和三资企业选择申诉的员工由于不太愿意通过离职来逃避报复，则被相关责任人报复的可能性相对较高。尽管国有性质单位和三资企业员工遭遇不公正对待后申诉成功的可能性更高，但一旦被相关责任人实施报复则很难逃避，员工不会为了赢得了一场战役却输掉了整场战争（Klaas 和 DeNisi，1989）。因此，相比民营企业员工，国有性质单位和三资企业员工选择沉默放弃申诉的可能性更高；当确定选择申诉，面临选择非正式申诉还是正式申诉时，相比民营企业员工，国有性质单位和三资企业员工选择非正式申诉的可能性应更高。综上，本课题研究提出下列假设：

假设 6：相比其他性质的单位，民营企业员工遭遇不公正对待后选择申诉的可能性更大；当面临非正式和正式申诉选择时，选择正式申诉可能性更大。

相比服务业的灵活体制，制造业往往会建立相对规范的管理系统和管理制度（Chatman 和 Jehn，1994；冯明、付茂华和尹明鑫，2007）。这些管理系统一方面提高了员工申诉的成功率，另一方面也会降低相关责任人报复的可能性。因此，相比制造业员工，服务业员工选择沉默放弃申诉的可能性更高；当确定选择申诉，面临选择非正式申诉还是正式申诉时，服务业员工选择非正式申诉的可能性应更高。综合来看，本课题研究提出下列假设：

假设7:相比服务业,制造业员工遭遇不公正对待后选择申诉的可能性更大;当面临非正式和正式申诉选择时,选择正式申诉可能性更大。

类似地,当单位规模越大,则组织采用管理系统而非口头管理以降低管理成本的可能性越大。所在单位规模较小的员工往往无法通过相关管理规定或管理制度纠正上级或组织的不公正对待,因此申诉成功的可能性较低,而且这些管理规定和制度在一定程度上也降低了员工申诉后被报复的可能性。因此,单位规模较小的员工选择沉默放弃申诉的可能性更高;当确定选择申诉,面临选择非正式申诉还是正式申诉时,单位规模较小的员工选择非正式申诉的可能性应更高。综合来看,本课题研究提出下列假设:

假设8:单位规模越大,则员工遭遇不公正对待后选择申诉的可能性更大;当面临非正式和正式申诉选择时,选择正式申诉可能性更大;当非正式申诉没有满意解决时,进一步选择正式申诉的可能性更大。

(4) 随和性、尊从权威。随和性得分高的人乐于助人、可信赖和富有同情心,注重合作而不强调竞争;易于相信他人是善良的和好意的;易于遵从和听从他人的意见,遵从他人的愿望,服从他人的决定(Costa 和 MeCrae, 1985)。因此,高随和性员工往往不愿意挑战上级或组织决定,并认为通过申诉进行争议解决的成功性会较低。另外,由于高随和性员工更注重合作而不强调冲突,因此在申诉过程中和相关责任人友好协商的可能性更大,于是相关责任人在高随和性员工申诉完成后实施报复的可能性相对较低。但总体来看,相比低随和性员工,高随和性员工会不愿意通过申诉挑战相关责任人,而更可能放弃申诉,并选择沉默;当确定选择申诉,面临选择非正式申诉还是正式申诉时,高随和性的员工选择非正式申诉的可能性应更高。

类似地,员工尊从权威的价值观程度越高,代表对权威的尊敬程度越高,凡事都要征求权威意见,重大事情都要听从权威的决策,即便权威的决策有失偏颇也不会反对，也会说服自己接受权威的决定（王庆娟、张金成，2012），因此当遭遇员工不公正对待后，高尊从权威价值观员工挑战不公正对待责任人的决定，并认为能够成功解决争议的可能性也相对较低。另外，由于高尊从权威价值观的员工并不愿意和上级或组织发生冲突，因此在申诉过程中和相关责任人友好协商的可能性更大，于是相关责任人在高尊从权威价值观员工申诉完成后实施报复的可能性相对较低。但总体来看，相比低尊从权威价值观的员工，高尊从权威价值观员工并不愿意通过申诉挑战相关责任人，而更可能放弃申诉，并选择沉默；当确定选择申诉，面临选择非正式申诉还是正式申诉时，具有高尊从权威价值观的员工选择非正式申诉的可能性应更高。综上，本课题研究提出下列假设：

假设9：员工随和性越高，则遭遇不公正对待后选择直接沉默的可能性越大；当面临非正式申诉和正式申诉选择时，选择非正式申诉可能性更大；当非正式申诉没有满意解决时，进一步选择沉默的可能性更大。

假设10：员工尊从权威价值观越高，则遭遇不公正对待后选择直接沉默的可能性越大；当面临非正式申诉和正式申诉选择时，选择非正式申诉可能性更大；当非正式申诉没有满意解决时，进一步选择沉默的可能性更大。

(5) 外向性。外向性是表示人际关系间互动的数量和频度、对刺激的需要以及获得愉悦的能力（Costa 和 MeCrae，1985）。外向性越高则人际关系的参与程度和活跃水平越高，沟通能力也越强，因此通过和相关责任人的沟通，成功解决争议的可能性较高，而被报复的可能性较低。因此，低外向性的员工更可能放弃申诉，并选择沉默；当确定选择申诉，面临选择非正式申诉还是正式申诉时，低外向性的员工选择非正式申诉的可能性应更高。综上，本课题研究提出下列假设：

假设11：员工外向性越高，则遭遇不公正对待后选择申诉的可能性越大；当面临非正式申诉和正式申诉选择时，选择正式申诉可能性更大；当非正式申诉没有满意解决时，进一步选择正式申诉的可能性更大。

(6) 力量和申诉体系。正如前文所述，力量较大的员工判断自己申诉成功的可能性更高，并且由于纠正上级或组织的不公正对待而被相关责任人报复的可能性较低。类似地，通过申诉系统的协助，员工纠正上级或组织相关决策的力量将会加强，故申诉成功的可能性也会提高，并且通过申诉体系的保障，相关责任人进行报复的可能性也会下降。于米和佟安琪(2012)的类似研究也发现，工会组建程度越高，由于员工维权成本下降，则员工选择正式申诉的案例也更多。

因此，力量较小以及所在组织没有申诉体系的员工更可能放弃申诉，并选择沉默；当确定选择申诉，面临选择非正式申诉还是正式申诉时，力量较小以及所在组织没有申诉体系的员工选择非正式申诉的可能性应更高。综上，本课题研究提出下列假设：

假设12：员工力量越大，则遭遇不公正对待后选择申诉的可能性越大；当面临非正式申诉和正式申诉选择时，选择正式申诉可能性更大；当非正式申诉没有满意解决时，进一步选择正式申诉的可能性更大。

假设13：单位具有申诉体系时，员工遭遇不公正对待后选择申诉的可能性更大；当面临非正式申诉和正式申诉选择时，进一步选择正式申诉可能性更大。

(7) 威权领导和集体主义文化。威权领导风格，使得领导者与下属之间的社会距离较大，且领导者往往集权力于一身，在管理上采取个人意志的方式作出决策，下属在大部分的情境中只能听命行事和绝对服从权威(李锐、凌文辁和柳士顺，2012)。因此，员工遭遇上级不公正对待后，通过申诉以纠正上级不公正对待的沟通难度更大，并且由于申诉行为，威权领导认为是对其权威的挑战而进行报复的可能性则较高。类似地，集体主义文化下，组织鼓励员工服从组织利益(吕庆燕、王有智和王振宏，2010)，因此，员工遭遇上级或组织不公正对待后，通过申诉纠正相关责任人的不公正对待决策的沟通难度更大，并且申诉完成后被相关责任人报复的可能性则较高。因此，上级威权领导程度越高以及所在组织集体主义文化程度越高，则员工更可能放弃申诉，并选择沉默；当确定选择申诉，面临选择非正式申诉还是正式申诉时，上级威权领导程度越高以及所在组织集体主义文化程度较高的员工选择非正式申诉的可能性应更高。综上，本课题研究提出下列假设：

假设 14：威权领导程度越高，则员工遭遇上级不公正对待后选择直接沉默的可能性越大；当面临非正式申诉和正式申诉选择时，选择非正式申诉可能性更大；当非正式申诉没有满意解决时，进一步选择沉默的可能性更大。

假设 15：单位集体主义文化水平越高，则员工遭遇不公正对待后选择直接沉默的可能性越大；当面临非正式申诉和正式申诉选择时，选择非正式申诉可能性更大；当非正式申诉没有满意解决时，进一步选择沉默的可能性更大。

(8) 不公正事件负面影响程度。不公正事件的负面影响程度被认为是影响员工反应方式的最重要因素(Todor 和 Owen, 1991)。不公正事件的负面影响程度越高，则扣除申诉带来相关责任人报复的成本后，纠正此不公正对待给自己带来的收益也就越大，因此，员工选择申诉的可能性也就越大。相反地，如果不公正事件的负面影响程度较低，员工评估后发现申诉所引发的报复成本高于纠正不公正对待的收益，则放弃申诉的可能性更高。也即，如果不公正事件的负面影响程度较小，则员工的反应也会较小；如果负面影响程度较大，则可能触发员工更激烈的反应(Olson-Buchanan 和 Boswell, 2008)。

但是，不公正事件的负面影响程度越大，说明相关责任人的不公正对待与员工认定的公正对待规范之间的距离越远，和员工预期的差距越大，故申诉成功的可能性也会越低。综合考虑，本课题研究认为员工遭遇不公对待后，如果不公正对待的负面影响程度较高，员工尝试申诉解决争议的可能性更高；当确定选择申诉，面临选择非正式申诉还是正式申诉时，不公正事件的负面影响程度越低，则员工选择非正式申诉以避免责任人报复的可能性应更高。因此，本课题研究提出下列假设：

假设16：不公正事件负面影响程度越高，则员工遭遇不公正对待后选择申诉的可能性越大；当面临非正式申诉和正式申诉选择时，选择正式申诉可能性更大。

(9) 员工对上级的信任和对组织的信任。正如前文所述，信任是个体收益依赖他人并且此收益存在风险时，个体对他人对己收益影响的预期和假设(Romano，2003)。如果员工对上级或组织的信任程度越高，则认为上级或组织会站在员工立场上并充分考虑员工利益。因此，当员工遭遇上级或组织不公正对待时，也会认为上级或组织应纠正此伤害员工利益的决策，并且即使员工选择了正式申诉，也不会对员工的申诉行为施以报复。也即，当员工对上级和组织信任程度较高时，认为申诉的成功率也会较高，而被报复的可能性更低，故选择申诉的可能性更高。最后，当员工确定选择申诉，面临选择非正式申诉还是正式申诉时，相比高信任上级和组织的员工，对上级和组织较低信任的员工由于担心上级或组织的报复，选择非正式申诉的可能性更高。因此，本课题研究提出下列假设：

假设17：员工对上级的信任程度越低，则员工遭遇不公正对待后选择沉默的可能性越大；当面临非正式和正式申诉选择时，选择非正式申诉可能性更大；当非正式申诉没有满意解决时，进一步选择沉默的可能性更大。

假设18：员工对组织的信任程度越低，则员工遭遇不公正对待后选择沉默的可能性越大；当面临非正式和正式申诉选择时，选择非正式申诉可能性更大；当非正式申诉没有满意解决时，进一步选择沉默的可能性更大。

5.2.3 虚拟的上级不公正对待情境下相关变量对员工反应路径的影响结果

本节主要报告虚拟的上级不公正对待的事件下，相关变量对上文提到的 3 种员工反应倾向的影响结果。

5.2.3.1 相关变量对员工选择申诉还是沉默的影响结果

本节考察第 1 种反应方式，即当员工遭遇虚拟的上级不公正对待后，什么因素会影响员工选择沉默还是申诉加以应对。其中，选择沉默设定为 0(22 人)，选择申诉设定为 1(216 人)。相关影响因素将分别作为自变量与“选择沉默还是申诉”进行逻辑回归。具体结果如表 5-3 所示。

表 5-3 虚拟的上级不公正对待情境下相关变量对员工反应路径的影响

序号	变量	反应方式 1 (n=238)		反应方式 2 (n=216)		反应方式 3 (n=133)	
		B	Exp(B)	B	Exp(B)	B	Exp(B)
1	性别	0.32	1.37	−0.97+	0.38	−0.33	0.72
2	年龄	−0.60*	0.55	−0.39	0.68	−0.09	0.92
3	教育程度	−0.71	0.49	−0.77	0.47	−0.44	0.64
4	累计工龄	−0.41*	0.67	−0.16	0.85	0.03	1.03
5	与上级共事时间	−0.50*	0.61	0.16	1.17	0.18	1.20
6	单位性质	0.55	1.74	0.43	1.54	−0.08	0.92
7	行业性质	−0.41	0.67	−0.74	0.48	−0.05	0.85
8	单位规模	0.12	1.13	0.11	1.11	0.12	1.13
9	负面影响程度	−0.08	0.92	−0.23	0.80	0.36+	1.44
10	随和	0.36	1.44	0.37	1.45	0.12	1.13

（续表）

序号	变量	反应方式 1 (n=238)		反应方式 2 (n=216)		反应方式 3 (n=133)	
		B	Exp(B)	B	Exp(B)	B	Exp(B)
11	外向	0.21	1.23	0.60*	1.83	0.34*	1.41
12	力量	0.06	1.06	0.51*	1.66	0.08	1.09
13	尊从权威	−0.29	0.75	0.07	1.07	0.11	1.12
14	威权领导	−0.69**	0.50	−0.13	0.88	−0.28	0.75
15	集体主义文化	0.11	1.12	0.23	1.26	0.23	1.25
16	申诉体系	0.66	1.93	1.20	3.31	0.18	1.20
17	员工对上级的信任	0.43*	1.53	0.98**	2.67	0.41*	1.51
18	员工对组织的信任	0.57**	1.76	0.87**	2.38	0.38*	1.46

注：+ 表示 $p<0.10$，* 表示 $p<0.05$，** 表示 $p<0.01$。

从表 5-3 的结果可以发现，当员工选择沉默还是申诉（水平数值 0 为沉默，1 为申诉）为因变量时，年龄（$b=-0.60$，$p<0.05$，$OR=0.55$）、累计工龄（$b=-0.41$，$p<0.05$，$OR=0.67$）、与上级共事时间（$b=-0.50$，$p<0.05$，$OR=0.61$）、威权领导（$b=-0.69$，$p<0.01$，$OR=0.50$）、员工对上级的信任（$b=0.43$，$p<0.05$，$OR=1.53$）、员工对组织的信任（$b=0.57$，$p<0.01$，$OR=1.76$）作为自变量时，Wald 检验值显著。

并且，员工年龄每提高一个单位，则选择申诉的可能性将降低 82%；员工累计工龄每提高一个单位，则选择申诉的可能性将下降 49%；员工与上级共事时间每提高一个单位，则选择申诉的可能性将下降 64%；上级威权领导每提高一个单位，则选择申诉的可能性将下降 100%；员工对上级的信任每提高一个单位，则选择申诉的可能性将提高 53%；员工对组织的信任每提高一个单位，则选择申诉的可能性将提高 76%。

5.2.3.2 相关变量对员工选择非正式申诉还是正式申诉的影响结果

对于反应方式2来说，即当员工决定使用申诉来解决争议时，什么因素会影响员工选择非正式申诉还是使用正式申诉（包括组织内和组织外的正式申诉）。其中，选择非正式申诉设定为0（202人），选择正式申诉设定为1（14人）。相关影响因素将分别作为自变量与“选择非正式申诉还是正式申诉”进行逻辑回归。具体结果如表5-3所示。

从表5-3的结果可以发现，当员工选择使用非正式申诉还是正式申诉（水平数值0为非正式申诉，1为正式申诉）为因变量时，性别（男性设定为0，女性设定为1）（$b=-0.97$，$p<0.10$，$OR=0.38$）、外向（$b=0.60$，$p<0.05$，$OR=1.83$）、力量（$b=0.51$，$p<0.05$，$OR=1.66$）、员工对上级的信任（$b=0.98$，$p<0.01$，$OR=2.67$）、员工对组织的信任（$b=0.87$，$p<0.01$，$OR=2.38$）分别作为自变量时，Wald检验值显著。

并且，男性选择正式申诉的可能性是女性的2.63倍（即1/0.38）；员工外向性每提高一个单位，则选择正式申诉的可能性将提高83%；员工力量每提高一个单位，则选择正式申诉的可能性将提高66%；员工对上级的信任每提高一个单位，则选择申诉的可能性将提高2.67倍；员工对组织的信任每提高一个单位，则选择申诉的可能性将提高2.38倍。

5.2.3.3 相关变量对员工选择沉默还是正式申诉的影响结果

本节考察第3种反应方式，即当员工使用非正式申诉没有得到满意解决时，什么因素会影响员工选择保持沉默还是进一步使用正式申诉（包括组织内和组织外的正式申诉）来解决争议。其中，选择沉默设定为0（32人），选择正式申诉设定为1（101人）。相关影响因素将分别作为自变量与“选择沉默还是正式申诉”进行逻辑回归。具体结果如表5-3所示。

从表5-3的结果可以发现，当员工选择沉默还是正式申诉（水平数值0

为沉默，1为正式申诉）为因变量时，不公正事件的负面影响程度（$b=0.36$，$p<0.10$，$OR=1.44$）、外向（$b=0.34$，$p<00.05$，$OR=1.41$）、员工对上级的信任（$b=0.41$，$p<0.05$，$OR=1.51$）、员工对组织的信任（$b=0.38$，$p<0.05$，$OR=1.46$）作为自变量时，Wald检验值显著。

并且，不公正事件的负面影响程度每提高一个单位，则选择正式申诉的可能性将提高44%；员工外向程度每提高一个单位，则选择正式申诉的可能性将提高41%；员工对上级的信任每提高一个单位，则选择正式申诉的可能性将提高51%；员工对组织的信任每提高一个单位，则选择正式申诉的可能性将提高46%。

5.2.4 虚拟的组织不公正对待情境下相关变量对员工反应路径的影响结果

本节主要报告虚拟的组织不公正对待情境下相关变量对上文提到的3种反应方式的影响结果。

5.2.4.1 相关变量对员工选择申诉还是沉默的影响结果

本节考察第1种反应方式，即当员工遭遇虚拟的组织不公正对待后，什么因素会影响员工选择沉默还是申诉加以应对。其中，选择沉默设定为0（30人），选择申诉设定为1（208人）。相关影响因素将分别作为自变量与“选择沉默还是申诉”进行逻辑回归。具体结果如表5-4所示。

表5-4 虚拟的组织不公正对待情境下相关变量对员工反应路径的影响

序号	变量	反应方式1（$n=238$）		反应方式2（$n=208$）		反应方式3（$n=148$）	
		B	Exp(B)	B	Exp(B)	B	Exp(B)
1	性别	0.18	1.19	-0.79^{+}	0.48	0.09	1.09
2	年龄	-0.63^{**}	0.53	−0.25	0.78	0.36	1.43

（续表）

序号	变量	反应方式1 ($n=238$)		反应方式2 ($n=208$)		反应方式3 ($n=148$)	
		B	Exp(B)	B	Exp(B)	B	Exp(B)
3	教育程度	−0.36	0.70	0.29	1.34	−0.41	0.67
4	累计工龄	−0.40*	0.67	−0.02	0.98	0.06	1.06
5	与上级共事时间	−0.30+	0.74	0.21	1.24	−0.05	0.95
6	单位性质	0.78*	2.18	−0.48	0.62	0.03	1.03
7	行业性质	−0.21	0.81	−0.70	0.50	−0.60	0.55
8	单位规模	−0.03	0.97	0.13	1.13	−0.01	0.99
9	负面影响程度	−0.06	0.94	0.14	1.15	0.19	1.20
10	随和	0.33	1.38	−0.05	0.96	−0.26	0.77
11	外向	0.18	1.20	0.07	1.07	0.20	1.22
12	力量	0.06	1.06	0.24	1.27	−0.02	0.98
13	尊从权威	−0.23	0.80	−0.05	0.96	−0.24	1.12
14	集体主义文化	−0.02	0.99	0.37	1.44	0.20	1.23
15	申诉体系	−0.04	0.96	0.43	1.53	−0.04	0.96
16	员工对上级的信任	0.37*	1.45	0.51*	1.67	−0.07	0.93
17	员工对组织的信任	0.38*	1.46	0.61*	1.84	−0.24	0.79

注：+表示 $p<0.10$，*表示 $p<0.05$。

从表5-4的结果可以发现，当员工选择沉默还是申诉（水平数值0为沉默，1为申诉）为因变量时，年龄（$b=-0.63$，$p<0.01$，$OR=0.53$）、累计工龄（$b=-0.40$，$p<0.05$，$OR=0.67$）、与上级共事时间（$b=-0.30$，$p<0.10$，$OR=0.74$）、单位性质（其他性质单位设定为0，民营企业设定为1）（$b=0.78$，$p<0.05$，$OR=2.18$）、员工对上级的信任（$b=0.37$，$p<0.05$，$OR=1.45$）、员工对组织的信任（$b=0.38$，$p<0.05$，$OR=1.46$）作为自变量时，Wald 检验值显著。

并且，员工年龄每提高 1 个单位，则选择申诉的可能性将下降 89%；员工累计工龄每提高 1 个单位，则选择申诉的可能性将下降 49%；员工与上级共事时间每提高 1 个单位，则选择申诉的可能性将下降 35%；民营企业申诉的可能性是其他性质单位的 2.18 倍；员工对上级的信任每提高 1 个单位，则选择申诉的可能性将提高 45%；员工对组织的信任每提高 1 个单位，则选择申诉的可能性将提高 46%。

5.2.4.2 相关变量对员工选择非正式申诉还是正式申诉的影响结果

对于反应方式 2 来说，即当员工决定使用申诉来解决争议时，什么因素会影响员工选择非正式申诉还是直接使用正式申诉（包括组织内和组织外的正式申诉）。其中，选择非正式申诉设定为 0（188 人），选择正式申诉设定为 1（20 人）。相关影响因素将分别作为自变量与“选择非正式申诉还是正式申诉”进行逻辑回归。具体结果如表 5-4 所示。

从表 5-4 的结果可以发现，当员工选择使用非正式申诉还是正式申诉（水平数值 0 为非正式申诉，1 为正式申诉）为因变量时，性别（男性设定为 0，女性设定为 1）（$b=-0.79$，$p<0.10$，$OR=0.48$）、员工对上级的信任（$b=0.51$，$p<0.05$，$OR=1.67$）、员工对组织的信任（$b=0.61$，$p<0.05$，$OR=1.84$）分别作为自变量时，Wald 检验值显著。

并且，男性选择正式申诉的可能性是女性的 2.08 倍（1/0.48）；员工对上级的信任每提高 1 个单位，则选择申诉的可能性将提高 67%；员工对组织的信任每提高 1 个单位，则选择申诉的可能性将提高 84%。

5.2.4.3 相关变量对员工非正式申诉不满意后沉默还是正式申诉选择的影响结果

本节考察第 3 种反应方式，即当员工使用非正式申诉没有得到满意解决时，什么因素会影响员工选择保持沉默还是进一步使用正式申诉（包括组织内和组织外的正式申诉)来解决争议。其中,选择沉默设定为0(39人),选择正式申诉设定为1(109人)。相关影响因素将分别作为自变量与“选择沉默还是正式申诉”进行逻辑回归。具体结果如表5-4所示。

从表5-4的结果可以发现,当员工选择沉默还是正式申诉(水平数值0为沉默,1为正式申诉)为因变量时,没有任何变量作为自变量时,Wald检验值显著。

5.2.5 虚拟的上级和组织不公正对待情境下研究结果比较

(1) 当员工选择申诉还是沉默时,在两个虚拟情境下都得到支持的变量包括年龄、累计工龄、与上级共事时间以及员工对上级和组织的信任。也即,员工年龄越大,则协商力量越小,因此遭遇不公正对待时选择沉默的可能性更高;员工对上级和组织的信任水平越高,则认为上级或组织会纠正伤害员工利益的决策,因此选择申诉的可能性越高。另外,累计工龄以及员工与上级共事时间的影响结果虽然显著,但和假设方向不一致,原因可能在于累计工龄以及与上级共事时间越长,则员工年龄往往也较高①,因此一定程度上也削弱了自己的协商力量,故员工在虚拟情境下更倾向放弃申诉,选择沉默。

最后,本书只考察了上级威权领导在虚拟的上级不公正对待情境下对员工反应路径的影响。研究结果表明,上级的威权领导影响员工对沉默还是申诉的选择,上级威权领导水平越高,则员工会认为挑战成功的可能性更低,故选择沉默的可能性更大。

(2) 当员工选择非正式申诉还是正式申诉时,在两个虚拟情境下都得到支持的变量包括性别、员工对上级和组织的信任。也即,当员工为

---

① 根据本次调查($N=620$),员工年龄与员工与上级共事时间显著相关,$r=0.51$,$p<0.001$;员工年龄与累计工龄显著相关,$r=0.66$,$p<0.001$。

女性时，知觉自己的力量越小，因此选择非正式申诉来逃避冲突的可能性更高；员工对上级和组织的信任水平越低，则认为使用正式申诉后，上级或组织会实施惩罚的可能性更高，因此选择非正式申诉的可能性越高。

（3）当员工选择沉默还是正式申诉时，在两个虚拟情境下没有得到一致支持的影响因素。

5.3 申诉与否对员工相关工作态度和行为的影响

本节主要研究当员工遭遇不公正对待后，选择申诉（共 310 人）还是直接沉默（共 72 人），是否会影响后续的相关工作态度和行为[①]。其中，相关工作态度和行为包括员工对上级和组织的信任、工作满意度、组织承诺、工作偏差行为。由于在此次实际不公正对待的调查中，被调查者先回忆发生的反应路径，再评价当前工作态度和行为等变量，故本节使用实际不公正对待数据进行考察申诉与否对员工工作态度和行为的影响。

5.3.1 申诉与否的情境下，员工相关工作态度和行为的现状

图 5-7 反映了是否申诉（包括正式申诉和非正式申诉）情境下员工相关工作态度和行为的现状。从图 5-7 中可以发现：

（1）选择直接沉默的员工，其对上级的信任、对组织的信任、工作满意度、组织承诺都明显低于选择申诉的员工。

（2）直接沉默员工的工作偏差行为的均值则略高于申诉的员工。

① 本书并没有比较其他反应方式（例如正式申诉和非正式申诉）的影响结果，本书认为这些反应方式对相关工作态度和行为的影响主要取决于申诉效果和申诉后员工经历的报复和补偿。研究申诉效果与报复和补偿的内容主要在第 7 章和第 8 章进行分析。

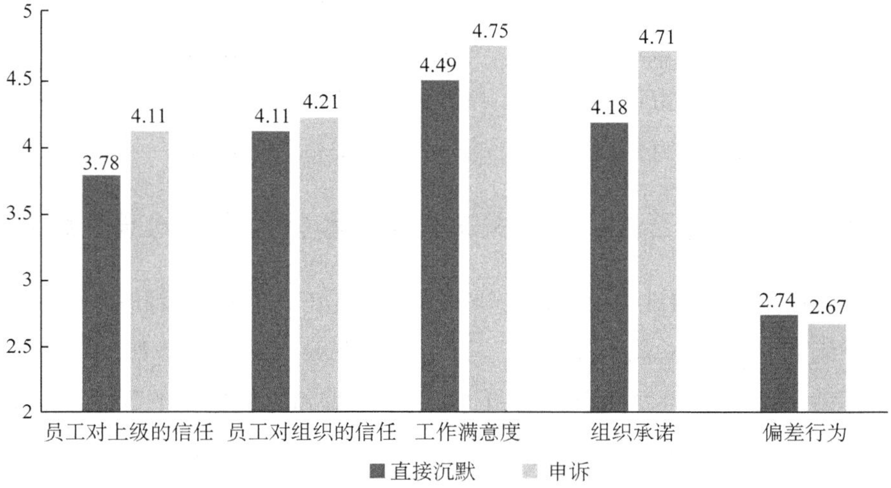

图 5-7 申诉与否的情境下，员工相关工作态度和行为的均值($n=382$)

5.3.2 申诉与否对员工相关工作态度和行为影响的研究假设

当员工放弃申诉选择直接沉默时，相关责任人则无法了解员工是否遭遇了不公正对待，也就无法纠正相关决策或给予员工其他形式的补偿，故员工只能在初期的不佳工作环境中继续工作，而无法得到调整。相反地，如果员工选择申诉而非沉默，通过沟通，一方面，有利于员工了解相关信息，帮助确定是否遭遇了不公正对待(有可能是因为信息不足而导致错误的归因，产生对相关责任人的误解)(Olson-Buchanan 和 Boswell，2008)；如果确定是相关责任人的决策侵犯了自己的利益，则通过申诉可以纠正责任人施加的不公正对待。另一方面，即便申诉效果不佳，也有利于员工通过申诉释放因为不公正对待产生的负面情绪累积(Sheppard，Lewicki 和 Minton，1992)。因此，申诉应比沉默获得更积极的效应。综上，本课题研究提出下列假设：

假设 19：相比直接沉默，员工申诉后具有更高的对上级的信任。

假设 20：相比直接沉默，员工申诉后具有更高的对组织的信任。

假设 21：相比直接沉默，员工申诉后具有更高的工作满意度。

假设 22：相比直接沉默，员工申诉后具有更高的组织承诺。

假设 23：相比直接沉默，员工申诉后具有更低的工作偏差行为。

5.3.3 申诉与否对员工相关工作态度和行为影响的研究结果

本课题研究通过单因素方差分析申诉与否在员工对上级和组织信任、工作满意度、组织承诺和工作偏差行为上的差异。具体结果如表 5-5 所示。结果表明，选择直接沉默的员工，其对上级和组织信任的程度显著低于选择申诉的员工（F 值分别为 $F=6.12$，$p<0.01$；$F=14.82$，$p<0.001$）；选择直接沉默的员工，其工作满意度和组织承诺水平显著低于选择申诉的员工（F 值分别为 $F=2.74$，$p<0.10$；$F=7.29$，$p<0.01$）；最后，申诉与否对工作偏差行为没有显著影响（$F=0.17$，$p>0.10$）。

表 5-5　员工是否申诉对相关工作态度和行为变量的影响（$n=382$）

变量	直接沉默（$n=72$）		申诉（$n=310$）		F 值
	均值	标准差	均值	标准差	
员工对上级的信任	3.78	1.18	4.17	1.21	6.12^{**}
员工对组织的信任	4.11	0.90	4.66	1.14	14.82^{***}
工作满意度	4.49	1.01	4.75	1.30	2.74^{+}
组织承诺	4.18	1.40	4.71	1.51	7.29^{**}
工作偏差行为	2.74	1.27	2.67	1.30	0.17

注：$^{+}$表示 $p<0.10$，**表示 $p<0.01$，***表示 $p<0.001$。

从表 5-5 中可以发现，当员工选择申诉后，本课题研究的结果与假设方向基本保持一致，即申诉会提高员工对上级和组织的信任以及工作满意度和组织承诺，但对工作偏差行为的影响并不显著。本研究结果也表明：

组织不应顾虑员工申诉所可能产生的负面效应，例如挑战了管理者的权威或影响了正常的管理秩序，而应意识到员工如果选择直接沉默，则放弃了不公正对待的解决，会负面影响相关工作态度(例如工作满意度和组织承诺)，并随着负面情绪的累积，则可能诱发更激进的负面行为。另外，如果员工放弃申诉，则组织也就无法通过员工反馈，而获得改善管理方式或管理体系的重要信息。

第6章

员 工 沉 默

本章重点关注的对象为员工遭遇不公正对待后的三维度沉默，基于数据搜集的调查结果，主要讨论两个部分的内容：员工选择沉默的现状是怎样的；什么因素会影响员工不同维度的沉默水平。

6.1 员工沉默的现状

6.1.1 实际遭遇不公正对待情境下的员工沉默

本部分主要阐述三种情况下的员工沉默现状：一是员工遭遇不公正对待后在组织内的三个最终状态；二是员工三个阶段的沉默；三是员工三维度的沉默。

6.1.1.1 员工遭遇不公正对待后在组织内的三个最终状态

总体来看，员工遭遇不公正对待后在组织内会有三个最终状态：a.通过申诉使得争议得到满意解决；b.放弃申诉，争议没有得到解决的“沉默”状态（包括遇到不公正对待后的直接沉默，也包括组织内申诉无果后的沉默）；c.争议在组织内部没有得到满意解决，选择组织外申诉。在遭遇不公正对待的382名员工中，最终状态的分布如下：

（1）争议得到满意解决，共130人，占比34.0%。

（2）争议在组织内部没有得到满意解决，但选择保持沉默，放弃进一步解决争议，共 211 人，占比 55.3%。

(3) 争议在组织内部没有得到满意解决，但选择进一步通过组织外的相关机构进行申诉，共 41 人，占比 10.7%。

三种最终状态的分布如图 6-1 所示。从图 6-1 可以发现，只有 1/3 (34.0%)的不公正对待在组织范围内得到了满意解决，而一半多(55.3%)的员工选择了沉默，没有进一步尝试解决争议。

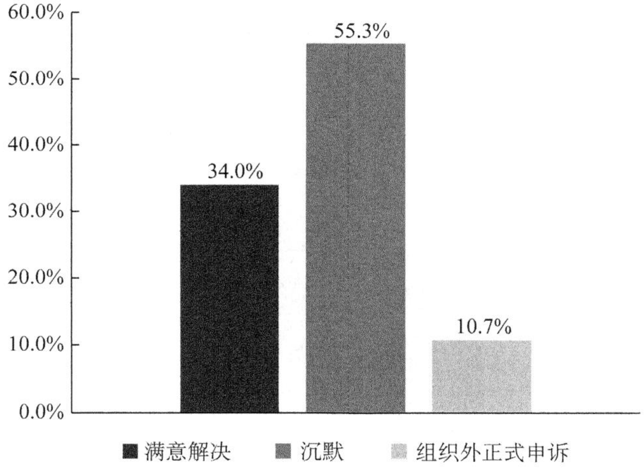

图 6-1 员工在组织内的三个最终状态(n=382)

6.1.1.2 员工三个阶段的沉默

正如本书第 3 章所述，在选择沉默的 211 名员工中，存在三个阶段的沉默：

(1) 遭遇不公正对待后放弃通过申诉解决争议，直接选择沉默，在本书中称为直接沉默，共 72 人，占比 34.1%。

(2) 使用非正式申诉，但争议并没有得到满意解决，之后放弃进一步申诉，并选择沉默，在本书中称为非正式申诉后的沉默，共 103 人，占比 48.8%。

（3）使用组织内正式申诉后，但争议并没有得到满意解决，之后放弃进一步组织外申诉，并选择沉默，共36人，在本书中称为组织内正式申诉后的沉默，占比17.1%。另外，此36人包括：a.遭遇不公正对待后直接选择组织内正式申诉，但因为没有满意解决而选择沉默，共7人；b.首先选择非正式申诉但申诉无果，并进一步选择组织内正式申诉仍没有满意解决而选择沉默，共29人。三个阶段沉默具体分布如图6-2所示。

从图6-2可以发现，34.1%的员工放弃了申诉，直接选择了沉默；近一半(48.8%)的员工沉默发生在非正式申诉后。

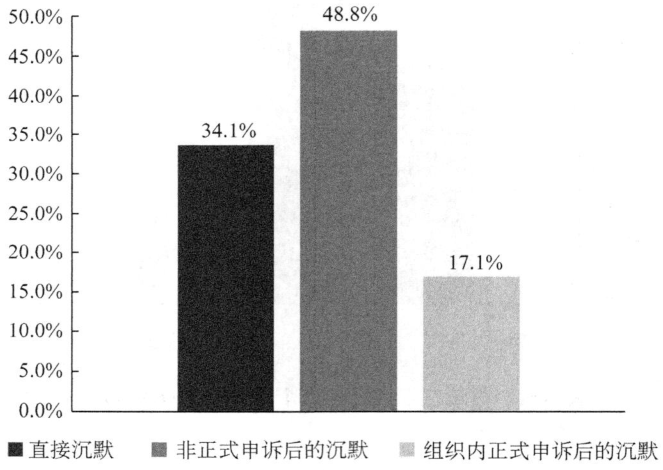

图6-2　三个阶段的员工沉默分布(n=211)

6.1.1.3　员工三维度的沉默

本书参考郑晓涛等(2017a)的沉默分类，将员工遭遇不公正对待情境下的沉默分为默许沉默、防御沉默和忠诚沉默3种，分别代表顺从、畏惧和合作3种动机。每个维度员工沉默都各有1题进行测量，评价指标从1～7，代表从“非常不同意”到“非常同意”，“4”为“一般”水平。本课题研究将211名沉默员工的三维度沉默的均值进行了比较，如图6-3所示。从

图 6-3可以发现,默许沉默、防御沉默和忠诚沉默的均值从高到低依次排序,并且,默许沉默和防御沉默的均值明显都高于忠诚沉默。

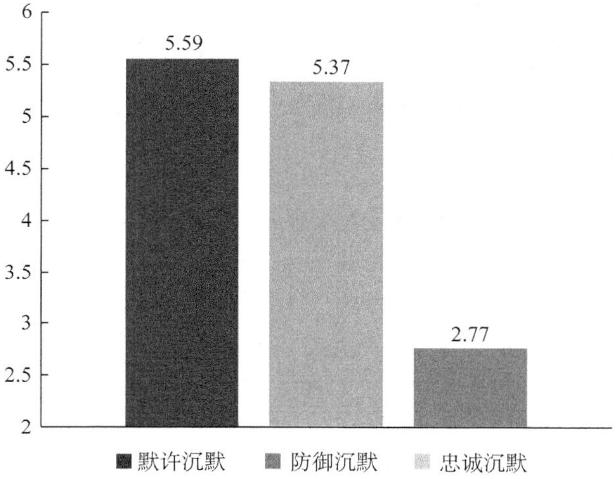

图 6-3 三维度员工沉默水平的均值比较(n=211)

同时,本课题研究将三维度沉默水平的频数也进行了比较:其中,211名沉默员工中认为存在合作动机的只有 23 人(评价指标>4,从比较同意到非常同意),有 150 人不认为自己的沉默有合作动机(评价指标<4,从非常不同意到比较不同意);类似地,认为存在顺从动机的有 184 人(评价指标>4),不认为自己的沉默有顺从动机的有 15 人(评价指标<4);认为存在畏惧动机的有 166 人(评价指标>4),不认为自己的沉默有畏惧动机的有 25 人(评价指标<4)。可以发现,员工沉默更多为基于顺从动机的默许沉默和基于畏惧动机的防御沉默,而基于合作动机的忠诚沉默相对较少。

最后,在最终选择沉默的 211 名员工中,本课题研究使用配对样本 t 检验比较三维度员工沉默的差异,具体结果如表 6-1 所示。结果表明,默许沉默水平要显著高于防御沉默(t=2.01, p<0.05)和忠诚沉默(t=20.13,

$p<0.001$)；防御沉默水平要显著高于忠诚沉默($t=17.88$，$p<0.001$)。从该结果中可以发现：员工沉默首先是认为申诉可能不会有结果的默许沉默，其次是担心可能被相关责任人报复的防御沉默，最后才是认为相关责任人会给予纠错和补偿的忠诚沉默。并且忠诚沉默的均值($M=2.77$)低于“一般”水平(即<4)，这也说明组织中员工发生忠诚沉默的可能性很低，更多为默许沉默和防御沉默。

表 6-1　三维度员工沉默的均值比较($n=211$)

序号	变量	均值	标准差	1	2
1	默许沉默	5.59	1.22	—	
2	防御沉默	5.37	1.44	2.01*	—
3	忠诚沉默	2.77	1.39	20.13***	17.88***

注：* 表示 $p<0.05$，*** 表示 $p<0.001$。

6.1.2　虚拟的遭遇上级不公正对待情境下的员工沉默

6.1.2.1　虚拟的上级不公正对待下，员工在组织内的三个最终状态

在虚拟的遭遇上级不公正对待的 238 名员工中，最终状态的分布如下：

(1) 认为争议可以得到满意解决，共 124 人，占比 52.1%。

(2) 认为争议在组织内部无法得到满意解决，但选择保持沉默，放弃进一步解决争议，共 72 人，占比 30.3%。

(3) 认为争议在组织内部无法得到满意解决，但选择进一步通过组织外的相关机构进行申诉，共 42 人，占比 17.6%。

三种最终状态的分布如图 6-4 所示。从图 6-4 可以发现，52.1%员工认为不公正对待会在组织范围内得到满意解决，只有 30.3%的员工选择了

沉默，没有进一步尝试解决争议。

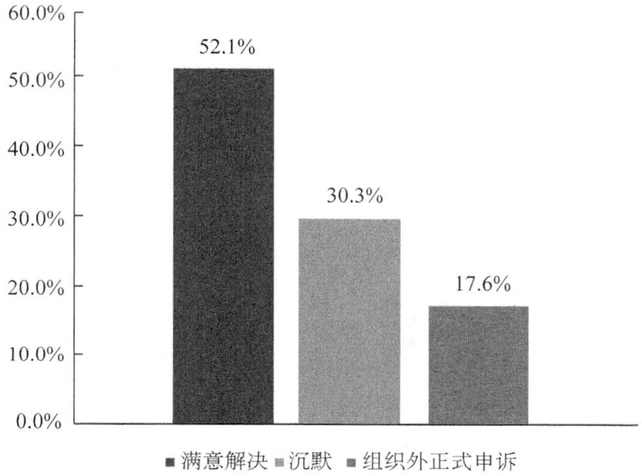

图 6-4　员工在组织内的三个最终状态(n=238)

6.1.2.2　员工三个阶段的沉默

在选择沉默的 72 名员工中，三个阶段的沉默情况如下：

(1) 直接沉默，共 22 人，占比 30.6%。

(2) 非正式申诉后的沉默，共 32 人，占比 44.4%。

(3) 正式申诉后的沉默，共 18 人，占比 25.0%。

三个阶段沉默具体分布如图 6-5 所示。从图 6-5 可以发现，30.6%的员工放弃了申诉，直接选择了沉默；44.4%的员工沉默发生在非正式申诉后。

6.1.2.3　员工三维度的沉默

将 72 名沉默员工的三维度沉默的均值进行了比较，具体如图 6-6 所示。从图 6-6 可以发现，默许沉默和防御沉默的均值没有明显差异，并且默许沉默和防御沉默的均值都明显高于忠诚沉默。

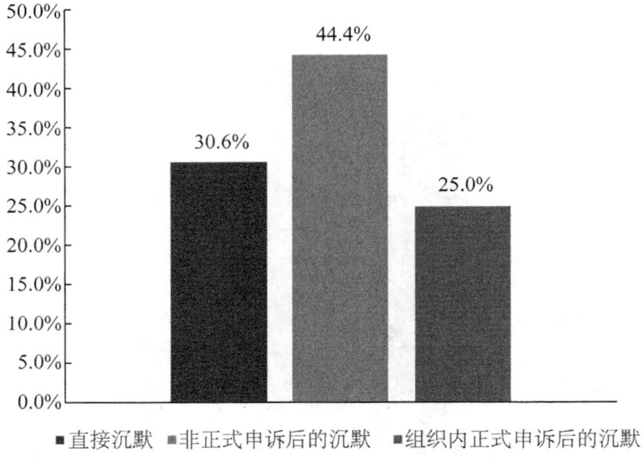

图 6-5　三个阶段的员工沉默分布($n=72$)

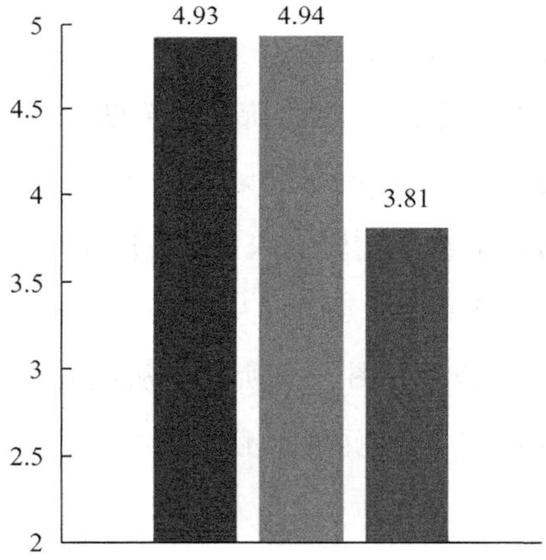

图 6-6　三维度员工沉默水平的均值比较($n=72$)

最后,在最终选择沉默的 72 名员工中,本研究使用配对样本 t 检验比较三维度员工沉默的差异,具体结果如表 6-2 所示。结果表明,默许沉默水平要显著高于忠诚沉默($t=4.81$，$p<0.001$)；防御沉默水平要显著高于忠诚沉默($t=4.47$，$p<0.001$)；默许沉默和防御沉默之间没有显著差异。从该结果中可以发现：虚拟的上级不公正对待情境下，员工沉默更多为默许沉默和防御沉默；并且忠诚沉默的均值($M=3.81$)略低于“一般”水平(即评价指标<4)，也说明在虚拟的上级不公正情境下，员工发生忠诚沉默的可能性较低。

表 6-2 三维度员工沉默的均值比较($n=72$)

序号	变量	均值	标准差	1	2
1	默许沉默	4.93	1.28	—	
2	防御沉默	4.94	1.44	−0.08	—
3	忠诚沉默	3.81	1.55	4.81***	4.47***

注：*** 表示 $p<0.001$。

6.1.3 虚拟的遭遇组织不公正对待情境下的员工沉默

6.1.3.1 虚拟的组织不公正对待下，员工在组织内的三个最终状态

在虚拟的遭遇组织不公正对待的 238 名员工中，最终状态的分布如下：

(1) 认为争议可以得到满意解决，共 95 人，占比 39.9%。

(2) 认为争议在组织内部无法得到满意解决，但选择保持沉默，放弃进一步解决争议，共 89 人，占比 37.4%。

(3) 认为争议在组织内部无法得到满意解决，但选择进一步通过组织外的相关机构进行申诉，共 54 人，占比 22.7%。

三种最终状态的分布如图 6-7 所示。从图 6-7 可以发现，有 1/3 以上(37.4%)的员工选择了沉默，没有进一步尝试解决争议。

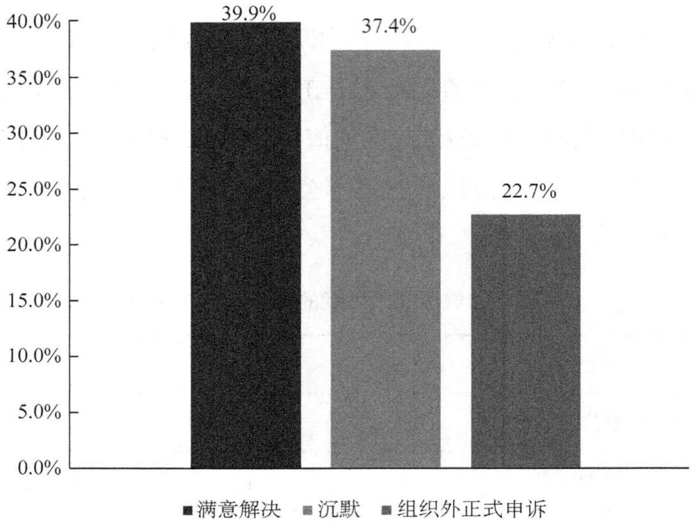

图 6-7　员工在组织内的三个最终状态(n=238)

6.1.3.2　员工三个阶段的沉默

在选择沉默的 89 名员工中，三个阶段的沉默情况如下：

(1) 直接沉默，共 30 人，占比 33.7%。

(2) 非正式申诉后的沉默，共 39 人，占比 43.8%。

(3) 正式申诉后的沉默，共 20 人，占比 22.5%。

三个阶段沉默具体分布如图 6-8 所示。从图 6-8 可以发现，33.7%的员工放弃了申诉，直接选择了沉默；43.8%的员工沉默发生在非正式申诉后。

6.1.3.3　员工三维度的沉默

将 89 名沉默员工的三维度沉默的均值进行了比较，如图 6-9 所示。从图 6-9 可以发现，默许沉默、防御沉默和忠诚沉默的均值从高到低依次排序；并且，默许沉默和防御沉默的均值都明显高于忠诚沉默。

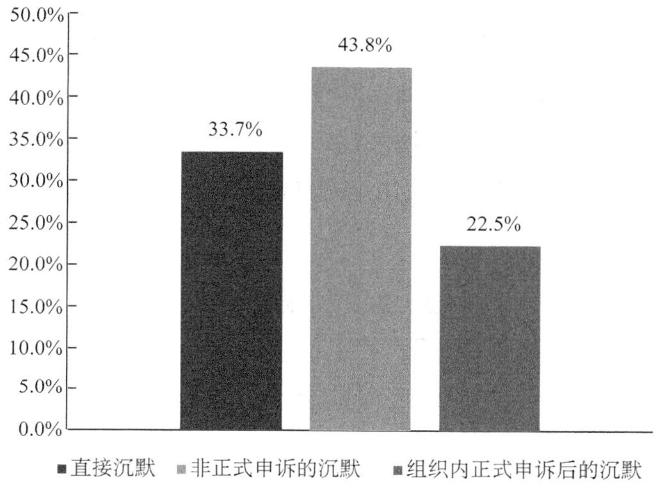

图 6-8 三个阶段的员工沉默分布(n=89)

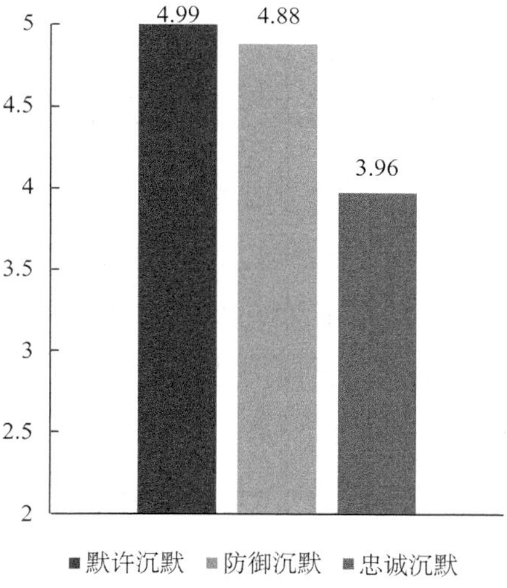

图 6-9 三维度员工沉默水平的均值比较(n=89)

最后,在最终选择沉默的 89 名员工中,使用配对样本 t 检验比较三维度员工沉默的差异,具体结果如表 6-3 所示。结果表明,默许沉默水平要显著高于忠诚沉默($t=4.97$，$p<0.001$)；防御沉默水平要显著高于忠诚沉默($t=4.13$，$p<0.001$)；默许沉默和防御沉默之间没有显著差异。从该结果中可以发现：虚拟的组织不公正对待情境下，员工沉默更多为默许沉默和防御沉默；并且忠诚沉默的均值($M=3.96$)低于“一般”水平(即评价指标<4)，也说明在虚拟的组织不公正对待情境下，员工发生忠诚沉默的可能性较低。

表 6-3　三维度员工沉默的均值比较($n=89$)

序号	变量	均值	标准差	1	2
1	默许沉默	4.99	1.22	—	
2	防御沉默	4.88	1.40	−0.76	—
3	忠诚沉默	3.96	1.60	4.97***	4.13***

注：*** 表示 $p<0.001$。

6.1.4　实际和虚拟不公正情境下员工沉默的比较

6.1.4.1　组织内沉默为最终状态的比较

实际和虚拟不公正情境下最终状态为沉默的比例如图 6-10 所示。从图 6-10 中可以发现，实际情境下员工最终选择沉默的比例(55.3%)明显高于虚拟情境下员工选择沉默的比例(分别为 30.3%和 37.4%)。本书认为原因可能在于未遭遇不公正对待的员工对上级和组织的信任程度更高①，因此更相信通过申诉可以解决相关责任人的不公正对待，故最终选择沉默的可能性更小。

① 第 4 章(不公正对待)研究结果表明，未遭遇过不公正对待的员工要比遭遇过不公正对待的员工报告了更高的对上级和组织的信任(F 值分别为：$F=85.46$，$p<0.001$；$F=28.38$，$p<0.001$)。

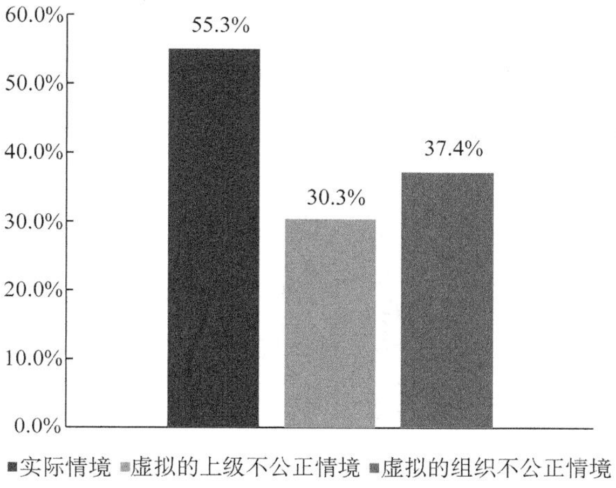

图 6-10 实际和虚拟不公正情境下员工最终选择沉默的比较

6.1.4.2 三维度员工沉默的比较

实际和虚拟不公正情境下默许沉默的均值比较如图 6-11 所示。从图 6-11 中可以发现,实际情境下员工默许沉默的均值(M=5.59)明显高于虚拟情境下员工默许沉默的均值(分别为 4.93 和 4.99)。

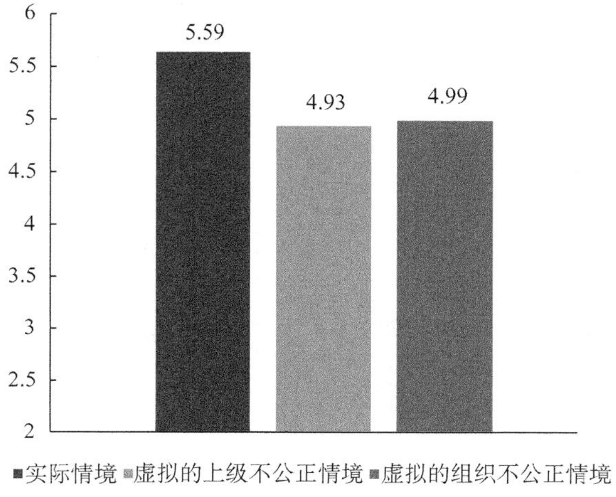

图 6-11 实际和虚拟不公正情境下员工默许沉默的比较

实际和虚拟不公正情境下防御沉默的均值比较如图 6-12 所示。从图 6-12 中可以发现，实际情境下员工防御沉默的均值(M=5.37)明显高于虚拟情境下员工防御沉默的均值(分别为 4.94 和 4.88)。

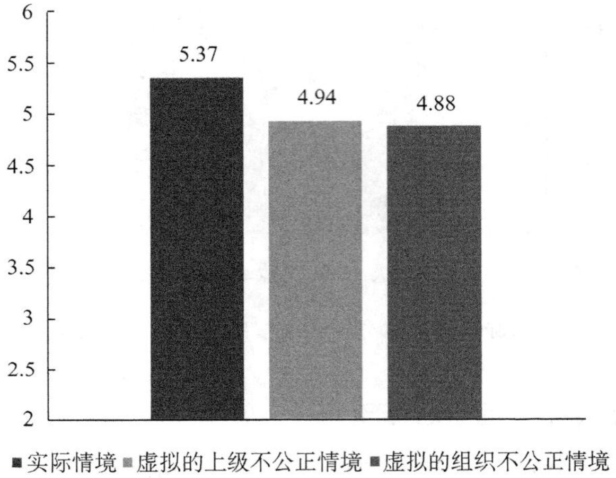

图 6-12　实际和虚拟不公正情境下员工防御沉默的比较

实际和虚拟不公正情境下忠诚沉默的均值比较如图 6-13 所示。从图

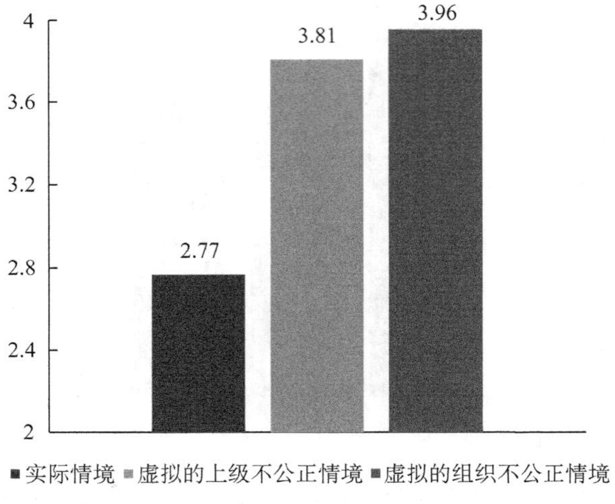

图 6-13　实际和虚拟不公正情境下员工忠诚沉默的比较

6-13 中可以发现，实际情境下员工忠诚沉默的均值($M=2.77$)明显低于虚拟情境下员工忠诚沉默的均值(分别为 3.81 和 3.96)。

从图 6-11 到图 6-13 的实际和虚拟不公正情境的比较中可以发现，实际情境下的默许和防御沉默更高，而忠诚沉默更低。本书认为原因在于未遭遇不公正对待的员工对上级和组织的信任程度更高，故认为通过申诉将争议满意解决的可能性更高，且被相关责任人报复的可能性更低，因此默许和防御沉默的水平更低；并且认为相关责任人事后会主动纠正相关决策的可能性也会更高，故忠诚沉默的水平更高。

6.2　相关变量对三维度员工沉默影响

本节将首先提出相关变量影响员工沉默水平的机制和假设，然后通过分析相关数据结果进行验证。考虑到变量性质的不同，本节在数据分析过程中，对于分类变量(例如性别、单位性质等)采用方差分析法进行分析；对于连续变量(例如年龄、外向性等)则采用相关分析法进行分析。和“第 5 章　反应路径”类似，本节同样使用虚拟情境的数据考察相关变量对三维度员工沉默的影响。

6.2.1　相关变量对三维度员工沉默的影响机制

根据郑晓涛等(2017a)对于遭遇不公正对待后员工三维度沉默的定义，默许沉默、防御沉默和忠诚沉默分别涉及顺从、畏惧和合作 3 种动机。

(1) 默许沉默。默许沉默是指员工预期自己的申诉无法改变现状而被动、消极接受利益被侵害的事实，也即“闹也没有用”。因此，当员工预期申诉成功的可能性越低，则默许沉默水平越高。本课题研究认为影响员工申诉成功预期的因素为责任人的调整意愿和调整难度。

① 如果员工与上级和组织的信任程度越高，则相关责任人更愿意对相关决策进行调整以消除对员工的利益侵害，则最后申诉结果达成一致的可能性更高。如果员工力量越强，则在协商过程中更容易迫使相关责任人修订不公正对待的决策，且与自身认定的公正对待规范越接近，因此申诉成功的可能性越高。另外，组织可以通过相关管理体系（比如申诉体系）的建设提高员工的协商力量。

② 如果相关责任人需要纠正其决策，但调整的难度或成本过大，则责任人调整后达到员工预期的可能性较低，故申诉成功的可能性也较小。

（2）防御沉默。防御沉默是指员工为了避免申诉后产生较严重的人际隔阂和报复，而选择有意识的自我保护，也即“闹反而更不划算”。因此，当员工预期申诉会引发相关责任人实施报复的可能性越高，则防御沉默水平越高。本课题研究认为，影响员工责任人报复预期的因素为信任和力量。

① 当员工与上级和组织的信任程度越高，则相关责任人由于员工申诉而实施报复的可能性则越小。

② 当员工力量越强，则员工实施工作偏差行为，如降低工作努力、缺勤甚至离职，对相关责任人的伤害也就越大，则员工预期责任人报复员工的可能性也就越小。另外，组织也可以通过相关管理体系（例如申诉体系）的建设来提高员工力量以避免申诉后遭到相关责任人的利益侵害。

（3）忠诚沉默。员工放弃进一步申诉而选择忠诚沉默在于相信相关责任人在一段时间后会主动纠正不公正对待，或给予员工一定程度上的补偿。因此，当员工预期责任人主动纠正相关决策的可能性越高，则放弃进一步申诉的可能性更高，即忠诚沉默水平应越高。本课题研究认为，影响责任人主动纠正其决策的因素为信任和力量。

① 当员工对不公正对待责任人有较高的信任水平时，会相信相关责任

人能站在员工立场，能体察员工利益受到的伤害，故即便申诉没有成功，但相关责任人稍后能主动纠正不公正对待或给予补偿的可能性会很高，故员工本着合作动机会放弃进一步的申诉，于是忠诚沉默水平会较高。

② 当员工自认为力量较强时，即便申诉达不到满意效果，员工认为相关责任人会顾及员工实施惩罚性公平，而稍后会予以调整相关决策或以其他形式进行补偿，故员工本着合作动机会放弃进一步的申诉，于是忠诚沉默水平会较高。另外，组织也可以通过相关管理体系（例如申诉体系）的建设来提高员工力量，当员工申诉完成后则可以通过这些管理体系的信息反馈以促使责任人纠正相关决策。

相关变量对于申诉成功的可能性、相关责任人报复的可能性、相关责任人主动纠正的可能性等 3 个中介变量的影响如表 6-4 所示。这些变量对于默许沉默、防御沉默和忠诚沉默的影响如表 6-5 所示。另外，表 6-4 和表 6-5 中"＋"代表正的影响；"－"代表负的影响，具体来说：

(1) 对于因变量三维度员工沉默来说，"＋"代表相关变量导致三维度员工沉默水平提高；"－"代表相关变量导致三维度员工沉默水平下降。

(2) 对于中介机制变量"申诉成功""报复"和"主动纠正"来说，"＋"代表相关变量作用下，员工申诉成功的可能性提高，员工申诉被报复的可能性提高，相关责任人主动纠正的可能性更高；"－"则代表相关变量作用下，员工申诉成功的可能性下降，员工申诉被报复的可能性下降，相关责任人主动纠正的可能性下降。

表 6-4 相关变量对员工沉默中介机制变量的影响方向

序号	变量	申诉成功	报复	主动纠正
1	性别	－	＋	－
2	年龄	－	＋	－
3	受教育程度	＋	－	＋

（续表）

序号	变量	申诉成功	报复	主动纠正
4	累计工龄	+	−	+
5	与上级共事时间	+	−	+
6	单位性质	−	−	−
7	行业性质	−	+	−
8	单位规模	+	−	+
9	随和性	−		
10	外向性	+	−	
11	力量	+	−	+
12	尊从权威	−		+
13	威权领导	−	+	−
14	集体主义文化	−	+	−
15	申诉体系	+	−	+
16	负面影响程度	−	+	−
17	员工对上级的信任	+	−	+
18	员工对组织的信任	+	−	+

表 6-5　相关变量对员工三维度沉默的影响方向

序号	变量	默许沉默	防御沉默	忠诚沉默
1	性别	+	+	−
2	年龄	+	+	−
3	受教育程度	−	−	+
4	累计工龄	−	−	+
5	与上级共事时间	−	−	+
6	单位性质	+	−	−

（续表）

序号	变量	默许沉默	防御沉默	忠诚沉默
7	行业性质	+	+	−
8	单位规模	−	−	+
9	随和性	+		
10	外向性	−	−	
11	力量	−	−	+
12	尊从权威	+		+
13	威权领导	+	+	−
14	集体主义文化	+	+	−
15	申诉体系	−	−	+
16	负面影响程度	+	+	−
17	员工对上级的信任	−	−	+
18	员工对组织的信任	−	−	+

6.2.2 相关变量对三维度员工沉默影响的研究假设

（1）性别、年龄和受教育程度。正如前文所述，男性员工相对女性员工，往往具备更高的力量；员工年龄越大，则市场上可以获得的就业机会就越少，往往在组织中力量较小；受教育程度越高，则往往在组织内承担更大责任，力量也相对较大。因此，力量较大员工（男性、年龄较小、受教育程度较高）判断自己申诉成功的可能性更高，并且由于纠正相关责任人不公正对待的决策被报复的可能性较低。最后，力量较大员工（男性、年龄较小、受教育程度较高）也会基于合作动机放弃惩罚性公平，并认为相关责任人会顾及自己的力量而稍后进行纠正或予以补偿。综上，本课题研究提出下列假设：

假设1：相比女性员工，男性员工默许沉默和防御沉默的水平更低，忠诚沉默的水平更高。

假设 2:员工年龄越大,则默许沉默和防御沉默的水平越高,忠诚沉默的水平越低。

假设 3:员工受教育程度越高,则默许沉默和防御沉默的水平越低,忠诚沉默的水平越高。

(2) 累计工龄、员工与上级共事时间。如前文所述,员工累计工龄以及与上级共事时间越长,则和上级及组织之间对于对方的决策特点、行为方式、价值观越了解,也更容易建立信任的联系;当遭遇上级或组织的不公正对待时,和相关责任人沟通起来更容易,预期争议解决的可能性也越高;相关责任人对于这些员工因为纠正其决策而实施报复的可能性也较低;并且预期责任人会主动纠正不公正对待的可能性也较高。因此,本课题研究提出下列假设:

假设 4:员工累计工龄越长,则默许沉默和防御沉默的水平越低,忠诚沉默的水平越高。

假设 5:员工与上级共事时间越长,则默许沉默和防御沉默的水平越低,忠诚沉默的水平越高。

(3) 单位性质、行业性质、单位规模。如前文所述,相比国有性质单位(政府部门、事业单位和国有企业)和三资企业,民营企业的管理系统和管理制度的建设相对落后,当员工遭遇不公正对待后,员工无法通过相关管理规定或管理制度纠正上级或组织的不公正对待,因此申诉成功的可能性较低,故民营企业员工默许沉默水平较高。

另外,尽管这些管理规定和制度在一定程度上也保障了申诉员工的权益,降低了申诉后被报复的可能性,但另一方面,民营企业员工离职成本较低,可以通过离职逃避报复的可能性也很大,故综合来看,民营企业员工防御沉默水平应较低。

最后,国有性质单位追求内部稳定的心理,以及员工对这些单位较高的依赖(张士菊、廖建桥,2010),即便员工没有申诉成功,国有性质单位也会通过其管理体系搜集员工申诉信息,并调整相关决策,以平息内部的不稳定性;或者即便无法纠正相关决定,则可能使用事后补偿来解决员工遭遇的不公正对待。对于三资企业来说,即便申诉没有成功,企业同样可以通过其管理体系搜集信息并对相关决策进行修正;另外由于盈利能力较强,通过事后补偿员工来解决员工遭遇的不公正对待的可能性也较高,因此,如果员工选择沉默,则国有性质单位和三资企业员工的忠诚沉默水平应高于民营企业员工。综上,本课题研究提出下列假设:

假设6:相比其他性质的单位,民营企业员工默许沉默水平更高,防御沉默和忠诚沉默水平更低。

类似地,相比服务业的灵活体制,制造业往往会建立相对规范的管理系统和管理制度;另外,当单位规模越大,则组织采用管理系统而非口头管理以降低管理成本的可能性越大。因此,服务业员工或者单位规模较小的员工往往无法通过相关管理规定或管理制度纠正上级或组织的不公正对待,员工预期申诉成功的可能性较低。而且这些管理规定和制度在一定程度上也降低了员工申诉后被报复的可能性,以及提高了申诉后组织基于申诉信息进行调整的可能性。最后,规模较大的企业相对掌握资源更雄厚,当员工申诉遭遇不公正对待后,相关责任人通过补偿员工以解决不公正对待的可能性更高。因此,本课题研究提出下列假设:

假设7:相比服务业,制造业员工默许沉默和防御沉默水平越低,忠诚沉默水平越高。

假设8:单位规模越大,则员工默许沉默和防御沉默水平越低,忠诚沉默水平越高。

(4) 随和性、尊从权威。随和性表示利他、友好、富有爱心。随和性得分高的人乐于助人、可信赖和富有同情心,注重合作而不强调竞争;易于相信他人是善良的和好意的;易于遵从和听从他人的意见,遵从他人的愿望,服从他人的决定(Costa 和 MeCrae, 1985)。因此,高随和性员工遭遇不公正对待后,预期自己通过申诉,并成功解决相关责任人不公正对待的可能性较低。

类似地,员工尊从权威的价值观程度越高,代表对权威的尊敬程度越高,凡事都要征求权威意见,重大事情都要听从权威的决策,即便权威的决策有失偏颇也不会反对,也会说服自己接受权威的决定(王庆娟、张金成,2012),因此当遭遇员工不公正对待后,高尊从权威价值观的员工预期自己通过申诉,并成功解决相关责任人的不公正对待的可能性较低。最后,在儒家伦理关系的影响下,关系的角色化是对个体的责任、义务和权利的明确界定,也表现在一些对偶关系的规定上,例如下属要尊敬顺从领导,而领导也应该提携关怀下属(王庆娟、张金成,2012)。故具有高尊从权威价值观的员工会认为自己要尊敬顺从相关责任人,比如放弃进一步的申诉或其他惩罚性公平措施,而相关责任人则应认识到对员工利益的侵害,并在稍后予以纠正或给予其他形式的补偿。综上,本课题研究提出下列假设:

假设 9:员工随和性越高,则默许沉默水平越高。

假设 10:员工尊从权威价值观越高,则默许沉默和忠诚沉默水平越高。

(5) 外向性。外向性越高则人际关系的参与程度和活跃水平越高(Costa 和 MeCrae, 1985),沟通能力也越强,因此和相关不公正对待责任人沟通起来成本越低,并且更容易建立信任关系[①],故预期解决争议的可能性更高,挑战相关责任人而被报复的可能性也更低。因此,本课题研究提出下列假设:

假设 11:外向性越高,则员工默许沉默和防御沉默水平越低。

(6) 力量和申诉体系。正如前文所述,力量较大的员工会认为上级或

① 根据本次调查($N=620$),员工外向性水平越高,其对上级和组织的信任水平也越高。相关系数分别为 $r=0.23$, $p<0.001$; $r=0.35$, $p<0.001$。

组织不满足其要求(例如纠正错误或给予补偿)给上级或组织所带来的成本(例如该员工可以选择降低工作努力甚至离职),要大于满足其要求的成本(Magenau 和 Pruitt, 1979)。因此,力量较大员工判断自己申诉成功的可能性更高,并且由于纠正上级或组织的不公正对待而被报复的可能性较低。最后,力量较大员工也会基于合作动机放弃惩罚性公平,并认为相关责任人会顾及自己的力量而稍后进行纠正或予以补偿。类似的,通过申诉系统的协助,员工纠正上级或组织相关决策的力量将会加强,因此预期申诉成功的可能性也会提高,并且通过申诉体系的保护,上级或组织进行报复的可能性也会下降;通过申诉体系搜集员工申诉信息,并稍后主动纠正相关决策的可能性也会提高。因此,本课题研究提出下列假设:

假设 12:员工力量越大,则员工默许沉默和防御沉默水平越低,忠诚沉默水平越高。

假设 13:组织具有申诉体系时,则员工默许沉默和防御沉默水平更低,忠诚沉默水平更高。

(7) 威权领导和集体主义文化。威权领导风格,使得领导者与下属之间的社会距离较大,且领导者往往集权力于一身,在管理上采取个人意志的方式作出决策,下属在大部分的情境中只能听命行事和绝对服从权威(李锐、凌文辁和柳士顺,2012)。因此,员工遭遇上级不公正对待后,如果上级威权领导程度越高,则预期申诉成功的可能性较低;如果选择申诉,则预期被上级报复的可能性较高;并且上级纠正其不公正对待决定并给予员工补偿的可能性也较低。

类似地,在集体主义文化下,组织鼓励员工服从组织利益(吕庆燕、王有智和王振宏,2010),因此,员工遭遇相关责任人不公正对待后,如果组织的集体主义文化程度越高,则员工会认为申诉成功的可能性较低,如果选择申诉,则预期被相关责任人报复的可能性会较高;并且相关责任人纠正其不公正对待决定并给予员工补偿的可能性较低。因此,本课题研究提出

下列假设：

假设 14：当遭遇上级不公正对待时，上级的威权领导程度越高，则员工默许沉默和防御沉默水平越高，忠诚沉默水平越低。

假设 15：组织集体主义文化水平越高，则员工默许沉默和防御沉默水平越高，忠诚沉默水平越低。

(8) 不公正事件负面影响程度。不公正事件的负面影响程度越高，说明相关责任人的不公正对待与员工认定的公正对待规范之间的距离越远，和员工预期的差距越大，因此纠正的难度也越大，故预期申诉成功的可能性较低。另外，员工知觉到相关责任人实施的不公正对待对其的负面影响程度越大，那么对相关责任人的信任水平也会越低，故判断申诉成功的可能性也越小，并且进一步申诉被相关责任人报复的可能性越大，而相关责任人主动予以纠正或给予补偿的可能性也不高。因此，本课题研究提出下列假设：

假设 16：不公正事件负面影响程度越高，则员工默许沉默和防御沉默水平更高，忠诚沉默水平越低。

(9) 员工对上级的信任和对组织的信任。正如前文所述，信任是个体收益依赖他人并且此收益存在风险时，个体对他人对己收益影响的预期和假设(Romano, 2003)。如果员工对上级或组织的信任程度越高，则认为上级或组织会站在员工立场上并充分考虑员工利益，因此，当员工认为遭遇上级或组织不公正对待时，也会认为上级或组织应纠正此伤害员工利益的决策，并且即使员工选择了正式申诉，也不会对员工的申诉行为施以报复。也即，当员工对上级和组织信任程度较高时，认为申诉的成功率也会较高，而报复可能性更低，因此，默许沉默和防御沉默水平更低。最后，员工对上级和组织信任程度越高，则认为上级会了解自己的利益受到了侵犯，故基于合作动机会放弃进一步的申诉，并相信相关责任人能够给予其补偿或自发纠正不公正对待的决定，故忠诚沉默的水平应较高。因此，本课题研究提出下列假设：

假设17:员工对上级的信任程度越高,则员工默许沉默和防御沉默的水平更低,忠诚沉默的水平更高。

假设18:员工对组织的信任程度越高,则员工默许沉默和防御沉默的水平更低,忠诚沉默的水平更高。

6.2.3 虚拟的上级不公正对待情境下相关变量对三维度员工沉默的影响结果

本节主要考察虚拟的上级不公正对待情境下相关变量对三维度沉默水平的影响。分类变量对员工沉默水平的影响如表6-6所示,连续变量对员工沉默水平的影响如表6-7所示。从表6-6的方差分析结果可以发现:

表6-6 相关分类变量对员工沉默的影响($n=72$)

变量	水平	样本	默许沉默		防御沉默		忠诚沉默	
			M	*SD*	*M*	*SD*	*M*	*SD*
性别	男性	32	5.03	1.31	4.75	1.50	3.91	1.67
	女性	40	4.85	1.27	5.10	1.39	3.73	1.47
	F值		0.35		1.05		0.24	
单位性质	其他	34	4.91	1.33	4.82	1.66	4.18	1.62
	民企	38	4.95	1.25	5.05	1.23	3.47	1.43
	F值		0.01		0.45		3.82^{+}	
行业性质	制造业	36	5.14	1.22	4.97	1.54	3.81	1.49
	服务业	36	4.72	1.32	4.92	1.36	3.81	1.64
	F值		1.93		0.03		0.00	
申诉体系	无	22	5.00	1.27	5.05	1.53	3.77	1.67
	有	50	4.90	1.30	4.90	1.42	3.82	1.51
	F值		0.09		0.15		0.01	

注:$^{+}$表示 $p<0.10$。

表 6-7　相关连续变量对员工沉默的影响($n=72$)

序号	变量	默许沉默	防御沉默	忠诚沉默
1	年龄	0.09	0.04	0.16
2	教育程度	0.05	0.12	0.13
3	累计工龄	0.18	0.05	0.27*
4	与上级共事时间	0.19+	0.06	0.20+
5	单位规模	0.00	−0.14	0.04
6	负面影响程度	0.03	0.09	−0.06
7	随和	0.17	—	—
8	外向	0.01	−0.18	—
9	力量	−0.12	−0.25*	−0.11
10	尊从权威	0.21+	—	0.30*
11	威权领导	0.07	0.16	0.00
12	集体主义文化	0.13	−0.25*	0.12
13	员工对上级的信任	0.12	−0.15	0.36**
14	员工对组织的信任	−0.04	−0.20+	0.24*

注:+表示 $p<0.10$,*表示 $p<0.05$,**表示 $p<0.01$。

(1) 在默许沉默和防御沉默方面:性别等分类变量对虚拟上级不公正对待下默许沉默水平没有显著影响。

(2) 在忠诚沉默方面:民营企业员工的忠诚沉默水平显著低于其他性质单位($F=3.82$,$p<0.10$)。

从表 6-7 的相关分析结果可以发现:

(1) 在默许沉默方面:与上级共事时间越长,则默许沉默水平越高($r=0.19$,$p<0.10$);员工尊从权威水平越高,则默许沉默水平越高($r=0.21$,$p<0.10$)。而其他连续变量和默许沉默之间不存在显著相关。

(2) 在防御沉默方面：员工力量水平越高，则防御沉默水平越低($r = -0.25, p < 0.05$)；组织的集体主义文化水平越高，则防御沉默水平越低($r = -0.25, p < 0.05$)；员工对组织信任水平越高，则防御沉默水平越低($r = -0.20, p < 0.10$)。而其他连续变量和防御沉默之间不存在显著相关。

(3) 在忠诚沉默方面：员工累计工龄水平越高，则忠诚沉默水平越高($r = 0.27, p < 0.05$)；与上级共事时间越长，则忠诚沉默水平越高($r = 0.20, p < 0.10$)；员工尊从权威水平越高，则忠诚沉默水平越高($r = 0.30, p < 0.05$)；员工对上级信任水平越高，则忠诚沉默水平越高($r = 0.36, p < 0.01$)；员工对组织信任水平越高，则忠诚沉默水平越高($r = 0.24, p < 0.05$)。而其他连续变量和忠诚沉默之间不存在显著相关。

6.2.4 虚拟的组织不公正对待情境下相关变量对三维度员工沉默的影响结果

本节主要考察虚拟的组织不公正对待下相关变量对三维度沉默水平的影响。分类变量对员工沉默水平的影响如表 6-8 所示，连续变量对员工沉默水平的影响如表 6-9 所示。

表 6-8　相关分类变量对员工沉默的影响($n = 89$)

变量	水平	样本	默许沉默		防御沉默		忠诚沉默	
			M	*SD*	*M*	*SD*	*M*	*SD*
性别	男性	40	4.95	1.38	4.88	1.45	3.93	1.73
	女性	49	5.02	1.09	4.88	1.38	3.98	1.49
	F值		0.73		0.00		0.03	
单位性质	其他	44	5.05	1.16	4.68	1.46	4.16	1.60
	民企	45	4.93	1.29	5.07	1.32	3.76	1.58
	F值		0.19		1.70		1.43	

（续表）

变量	水平	样本	默许沉默		防御沉默		忠诚沉默	
			M	*SD*	*M*	*SD*	*M*	*SD*
行业性质	制造业	39	4.97	1.53	4.97	1.53	3.72	1.65
	服务业	50	5.00	1.21	4.80	1.29	4.14	1.54
	F值		0.01		0.34		1.54	
申诉体系	无	20	5.15	1.23	4.70	1.56	3.85	1.81
	有	69	4.94	1.22	4.93	1.35	3.99	1.54
	F值		0.45		0.41		0.11	

表 6-9　相关连续变量对员工沉默的影响($n=89$)

序号	变量	默许沉默	防御沉默	忠诚沉默
1	年龄	0.11	−0.06	0.18⁺
2	教育程度	0.07	0.14	0.03
3	累计工龄	0.08	0.00	0.23*
4	与上级共事时间	0.01	−0.03	0.13
5	单位规模	−0.02	−0.13	−0.01
6	负面影响程度	0.47**	0.28**	−0.12
7	随和	0.08	—	—
8	外向	0.01	−0.07	—
9	力量	0.11	−0.14	−0.06
10	尊从权威	0.11	—	0.38***
11	集体主义文化	0.09	−0.06	0.10
12	员工对上级的信任	−0.05	−0.08	0.29**
13	员工对组织的信任	−0.06	−0.02	0.24*

注：+ 表示 $p<0.10$，* 表示 $p<0.05$，** 表示 $p<0.01$，*** 表示 $p<0.001$。

从表 6-8 的方差分析结果可以发现性别等相关分类变量对虚拟的组织不公正对待下三维度员工沉默水平都没有显著影响。

从表 6-9 的相关分析结果可以发现：

(1) 在默许沉默方面：不公正事件负面影响程度越高，则默许沉默水平越高（$r=0.47, p<0.01$）；威权领导水平越高，则默许沉默水平越高（$r=0.17, p<0.10$）。而其他连续变量和默许沉默之间不存在显著相关。

(2) 在防御沉默方面：不公正事件负面影响程度越大，则防御沉默水平越高（$r=0.28, p<0.01$）。而其他连续变量和防御沉默之间不存在显著相关。

(3) 在忠诚沉默方面：员工年龄越大，则忠诚沉默水平越高（$r=0.18, p<0.10$）；员工累计工龄越大，则忠诚沉默水平越高（$r=0.23, p<0.05$）；员工尊从权威水平越高，则忠诚沉默水平越高（$r=0.38, p<0.001$）；员工对上级信任水平越高，则忠诚沉默水平越高（$r=0.29, p<0.01$）；员工对组织信任水平越高，则忠诚沉默水平越高（$r=0.24, p<0.05$）。而其他连续变量和忠诚沉默之间不存在显著相关。

6.2.5 虚拟的上级和组织不公正对待情境下研究结果比较

(1) 对于默许沉默和防御沉默来说，并不存在两个虚拟情境下都得到支持的影响因素。

(2) 对于忠诚沉默来说，在两个虚拟情境下都得到支持的变量包括：累计工龄、尊从权威、员工对上级和组织的信任。并且这些变量的影响方向与假设方向保持一致。也即，员工累计工龄越长，则更容易建立亲密关系，也就更容易基于合作动机放弃进一步申诉，从而忠诚沉默的水平越高。高尊从权威价值观员工会认为在自己服从相关责任人决定后，相关责任人同样应站在员工立场上调整相关决定或予以补偿，故忠诚沉默较高。员工对上级和组织的信任水平越高，则越可能相信相关责任人会站在自己的立场上，在事后对相关决策进行调整或予以补偿，故忠诚沉默较高。

第7章

申诉效果

本章重点研究的对象为员工申诉效果，基于数据搜集的调查结果，主要讨论三个部分的内容：员工申诉后，争议是否取得了满意解决；什么因素会影响员工申诉的满意解决；不公正对待的满意解决是否影响员工后续的相关工作态度和行为。

7.1 员工申诉效果的现状

本节将从两个方面阐述员工申诉效果的现状：a.员工使用组织范围内的申诉是否最终实现了不公正对待的满意解决；b.由于部分员工的反应路径中包括两个阶段申诉（先使用非正式申诉，在非正式申诉无果后转向正式申诉），那么以每次申诉为单位，争议满意解决的情况是怎样的。

7.1.1 组织范围内申诉的争议最终解决情况

在遭遇不公正对待的382名员工中，除了选择直接沉默的72人，以及直接使用组织外正式申诉的4人外，共有306人的申诉是在组织内完成的，其中，有130人的申诉得到了满意结果，占比42.5%；有176人对申诉结果并不满意，占比57.5%。在对申诉结果并不满意的176人中，有139人选择了沉默，放弃了进一步解决不公正对待，有37人选择了组织外正式申诉（本次调查并没有搜集组织外正式申诉的争议解决结果，由于这些员工在组织范围内没有解决争议，故也被归为组织范围内争议没有解决）。具体情况如图7-1所示。从图7-1可以发现，争议得到满意解决的员工比例（42.5%）明显低于未满意解决争议的员工比例（57.5%）。

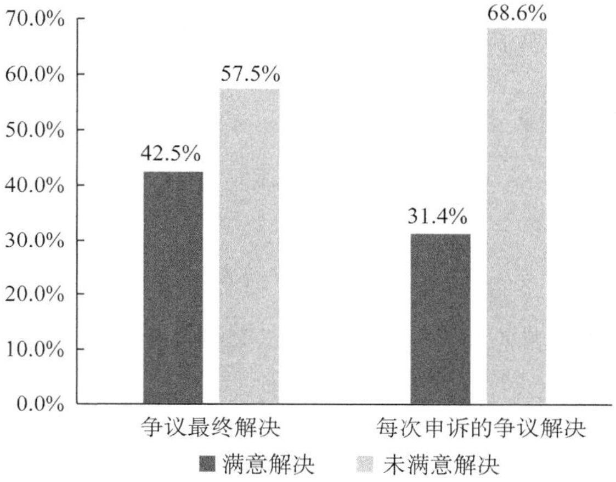

图7-1 申诉的争议最终解决（n=306）和每次申诉的争议解决（n=414）

另外，306位选择申诉的员工中，上级为责任人的申诉共233人，通过申诉得以将不公正对待满意解决的有107人，占比45.9%；未满意解决的有126人，占比54.1%。组织为责任人的申诉共73人，通过申诉得以将不公正对待满意解决的有23人，占比31.5%；未满意解决的有50人，占比68.5%。具体如图7-2所示。从图7-2可以发现，当上级为责任人时，不公正对待在组织范围内得到满意解决的比例（45.9%）要明显高于组织为责任人时（31.5%）。

7.1.2 组织范围内每次申诉的争议解决情况

在选择组织内申诉（包括组织内正式申诉和非正式申诉）的306名员工中，直接使用非正式申诉的有280人；直接使用组织内正式申诉的有26人。第二阶段，在使用非正式申诉的280人中，在非正式申诉无果后转组织内正式申诉的有108人。因此，在组织内共发生414次申诉行为，其中

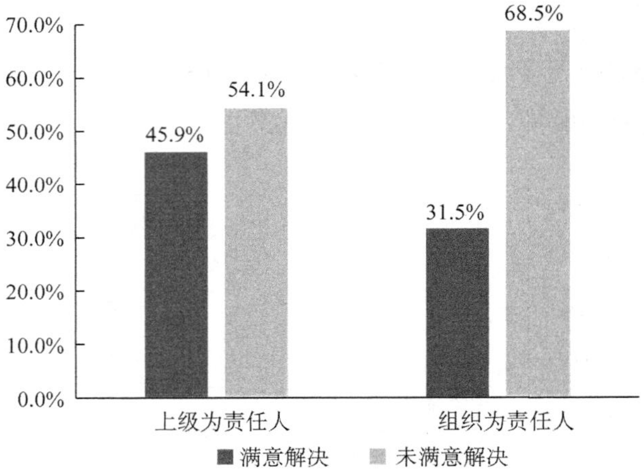

图 7-2　上级为责任人(n=233)和组织为责任人的争议解决情况(n=73)

280 次为非正式申诉，134 次(26 次＋108 次)为组织内正式申诉；并且申诉得到满意解决的有 130 次，占比 31.4%，对申诉结果不满意的有 284 次，占比 68.6%，具体如图 7-1 所示。

从图 7-1 可以发现，当把申诉按照次数重新计算后，申诉的成功率大大下降(从 42.5%降到 31.4%)，也即很多不公正对待在组织范围内是通过两次申诉，特别是在组织内正式申诉的帮助下才得以满意解决。就本次调查的数据表明，108 人在使用非正式申诉无果后转为组织内正式申诉，并且 65 人得以满意解决，占比 60.2%；43 人对申诉结果不满意，占比 39.8%，申诉的成功率相对更高。

另外，在 280 次非正式申诉中，有 55 次得到满意解决，占比 19.6%；有 225 次未取得满意结果，占比 80.4%。在 134 次组织内正式申诉行为中，有 75 次得到满意解决，占比 56%；有 59 次组织内正式申诉未取得满意结果，占比 44%，具体如图 7-3 所示。从图 7-3 可以发现，相比私下进行的非正式申诉，按照相关流程或第三方参与的组织内正式申诉更容易取得满意的申诉效果。因此，组织应积极设立或完善相关正式申诉体系，以协助员工

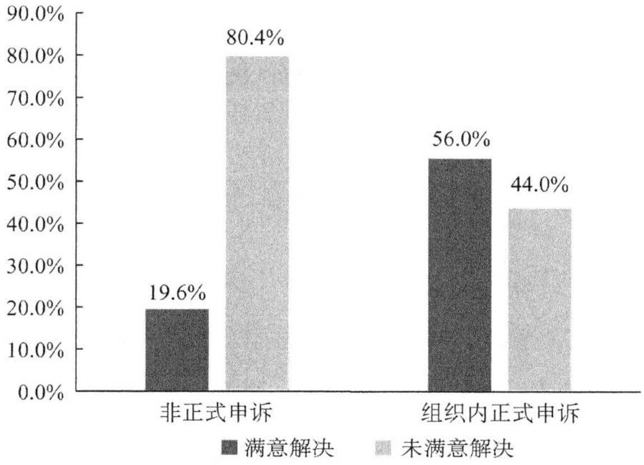

图 7-3　组织内正式申诉($n=134$)和非正式申诉($n=280$)的争议解决情况

遭遇不公正对待后得到满意解决。

最后,在 414 次申诉行为中,上级为责任人的申诉共 316 次,通过申诉得以将不公正对待满意解决的有 107 次,占比 33.9%;未满意解决有 209 次,占比 66.1%。并且,组织为责任人的申诉共 98 次,通过申诉得以将不公正对待满意解决的有 23 次,占比 23.5%;未满意解决有 75 次,占比 76.5%。具体情况如图 7-4 所示。从图 7-4 可以发现,相比组织为责任人,当上级为责任人时,通过申诉将不公正对待满意解决的可能性更高。

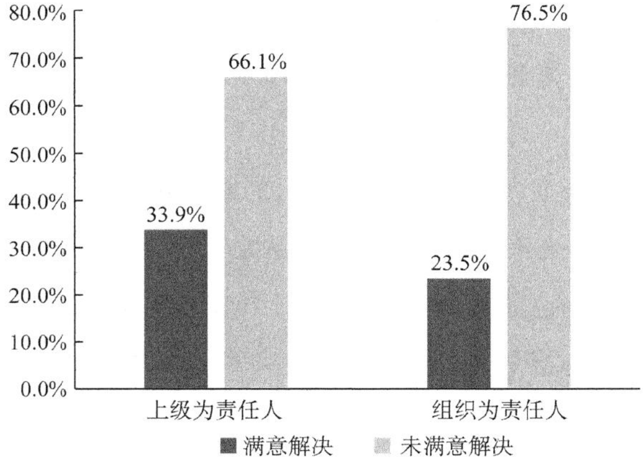

图 7-4　上级为责任人($n=316$)和组织为责任人($n=98$)的每次申诉的争议解决

7.2 相关变量对员工申诉效果的影响

7.2.1 相关变量对员工申诉效果的影响机制

员工判断是否遭遇不公正对待在于相关责任人的决策是否劣于员工认定的公正对待的规范。因此,员工认为申诉后争议是否得以解决则取决于:申诉后相关责任人承诺调整的相关决策(包括纠正或调整相关决策,或以其他形式弥补员工利益受到的侵害)是否仍劣于员工认定的公正对待规范。如果申诉中,相关责任人不愿意调整相关决策,则员工会认为申诉没有取得满意结果;如果相关责任人承诺进行调整,但调整幅度有限,使得调整后的决策仍劣于员工认定的公正对待规范,则员工仍会认为申诉没有取得满意结果;只有相关责任人承诺调整后的决策不劣于员工认定的公正对待规范,此时员工才会认为申诉取得了满意结果。因此,申诉能否取得满意结果最终取决于员工通过申诉后相关责任人的调整意愿和调整难度,也即相关责任人愿不愿意调整和调整难度大不大。

(1) 调整意愿。相关责任人调整的意愿越强,则员工的申诉效果越好;如果相关责任人的调整意愿较低,则申诉的效果自然很难令员工满意。本课题研究认为影响相关责任人调整意愿的因素包括力量和信任两项。

① 力量。当员工力量越强,则在协商过程中更容易迫使相关责任人修订不公正对待的决策,且与职工自身认定的公正对待规范越接近,因此申诉满意的可能性越高。相反地,当员工的力量越弱,则在协商过程中很难迫使相关责任人修订不公正对待的决策,因此申诉满意的可能性会越低。

② 信任。当员工与相关责任人之间信任程度越高,则相关责任人更愿

意对相关决策进行调整以消除对员工的利益侵害，则最后申诉结果达成一致的可能性越高。相反地，当员工与相关责任人之间信任程度越低，则相关责任人漠视员工利益受损的可能性越高，即调整相关决策的意愿会越低，故最后申诉结果达成一致的可能性也越低。

（2）调整的难度。相关责任人决策的调整难度越大，则通过沟通，双方达成一致也越困难，故员工的申诉效果越差；调整难度较小，则双方更容易达成一致，申诉的效果自然也较好。本课题研究认为影响调整难度的因素包括成本和差距两项。

① 成本。即便相关责任人愿意调整决策，如果调整需要耗费很多成本（例如时间、精力、财力或人力），则调整的阻力也就越大，申诉中双方达成一致的可能性就越低。相反地，如果调整耗费成本越低，则调整起来阻力越小，员工也就更容易获得满意的申诉效果。

② 差距。当相关责任人的决策与员工认定的公正对待规范之间差距越大，则调整后达成一致的难度也就越大，也即双方或一方要付出更多努力或更多利益的牺牲才能达成一致；相反地，当相关责任人的决策与员工认定的公正对待规范之间差距越小，则调整后达成一致的难度也就越小，那么员工申诉后争议解决的可能性也就越高。

综上，本课题研究提出相关变量对申诉效果的影响机制和最终影响方向如表 7-1 所示。表 7-1 中“＋”代表正的影响；“－”代表负的影响，具体来说：

（1）对于因变量申诉满意来说，总体影响中“＋”代表相关变量导致员工申诉满意解决的可能性提高；“－”代表相关变量导致员工申诉满意解决的可能性下降。

（2）对于中介机制变量“力量”“信任”“成本”和“差距”来说，“＋”代表相关变量作用下，员工力量越大、和相关责任人信任水平越高、相关责任人调整相关决策的成本越高、相关责任人的决策与员工认定的公正对待规范之间差距越大;"—"则代表相关变量作用下,员工力量越小、和相关责任人信任水平越低、相关责任人调整相关决策的成本越低、相关责任人的决策与员工认定的公正对待规范之间差距越小。

表 7-1　相关变量对申诉效果的影响方向

序号	变量	调整意愿		调整难度		满意
		力量	信任	成本	差距	
1	性别	—				—
2	年龄	—				—
3	受教育程度	+				+
4	累计工龄		+			+
5	与上级共事时间		+			+
6	单位性质	—				—
7	行业性质	—				—
8	单位规模	+				+
9	责任人			+		—
10	负面影响程度		—		+	—
11	申诉方式	+				+
12	随和性	—	+			+
13	外向性		+			+
14	力量	+				+
15	尊从权威	—	+			+
16	威权领导	—				—
17	集体主义文化	—				—
18	申诉体系	+				+

注:除非特殊说明,本文后续表格中申诉方式为分类变量,非正式申诉设定为0,组织内正式申诉设定为1。

7.2.2 相关变量对员工申诉效果影响的研究假设

(1) 性别、年龄和受教育程度。正如前文所述,男性相对女性,往往具备更高的力量;员工年龄越大,则市场上可以获得的就业机会就越少,往往相对力量较小;受教育程度越高,则往往在组织内承担更大责任,力量也相对较大。因此,当员工遭遇不公正对待时,力量较大(男性、年龄较小、受教育程度较高)的员工会认为上级或组织不满足其要求(例如纠正错误或给予补偿)给上级或组织所带来的成本(例如该员工可以选择降低工作努力甚至离职),要大于满足其要求的成本。因此,力量较大员工迫使相关责任人调整其决策的可能性更高,故申诉成功的可能性更高。综上,本课题研究提出下列假设:

假设1:相比女性员工,男性申诉获得满意解决可能性更高。

假设2:员工年龄越大,则申诉获得满意解决可能性越低。

假设3:员工受教育程度越高,则申诉获得满意解决可能性越高。

(2) 累计工龄以及与上级共事时间。员工累计工龄以及员工与上级共事时间越长,则和上级或组织之间对于对方的决策特点、行为方式、价值观越了解,往往建立了相对亲密的联系。因此,当遭遇上级或组织的不公正对待后,员工和相关责任人经过沟通后,相关责任人调整决策的可能性更高,因此更容易取得争议的满意解决。综上,本课题研究提出下列假设:

假设4:员工累计工龄越长,则申诉获得满意解决可能性越高。

假设5:员工与上级共事时间越长,则申诉获得满意解决可能性越高。

(3) 单位性质、行业性质、单位规模。相比国有性质单位和三资企业,民营企业的管理系统和管理制度的建设相对落后,当员工遭遇不公正对待后,员工无法通过相关管理规定或管理制度的帮助纠正上级或组织的不公正对待,也即无法通过相关管理系统或制度提高员工在协商中的相对力量,故通过申诉达成争议解决的可能性较低。

类似地，相比服务业的灵活体制，制造业往往会建立相对规范的管理系统和管理制度；当单位规模越大，则组织采用管理系统而非口头管理以降低管理成本的可能性越大。因此，当员工遭遇不公正对待后，服务业员工或者单位规模较小的员工往往无法通过相关管理规定或管理制度纠正上级或组织的不公正对待，因此达成争议满意解决的可能性也较低。因此，本课题研究提出下列假设：

假设 6：相比其他性质的企业，民营企业员工申诉获得满意解决可能性更低。

假设 7：相比服务业，制造业员工申诉获得满意解决可能性更高。

假设 8：单位规模越大，则员工申诉获得满意解决可能性越高。

（4）随和性、尊从权威。随和性表示利他、友好、富有爱心。随和性得分高的人乐于助人、可信赖和富有同情心，注重合作而不强调竞争；易于相信他人是善良的和好意的；易于遵从和听从他人的意见，遵从他人的愿望，服从他人的决定（Costa 和 MeCrae，1985）。因此，高随和性员工一方面在协商过程中的相对力量更低，因此很难迫使相关责任人调整相关决策；但另一方面，由于高随和性员工对相关责任人信任程度更高，在高信任和合作的情境下，相关责任人调整决策的可能性更大。因此，综合来看，高随和性员工更容易通过申诉实现争议满意解决。

类似的，员工尊从权威的价值观程度越高，代表对权威的尊敬程度越高，凡事都要征求权威意见，重大事情都要听从权威的决策，即便权威的决策有失偏颇也不会反对，也会说服自己接受权威的决定（王庆娟、张金成，2012），因此，尽管具备高尊从权威价值观的员工在协商过程中的相对力量更低，因此很难迫使相关责任人调整相关决策，但另一方面，由于具备高尊从权威价值观的员工对相关责任人信任程度更高，在高信任和合作的情境下，相关责任人调整决策的可能性更大。因此，综合来看，具备高尊从权威价值观的员工更容易通过申诉实现争议满意解决。综上，本课题研究提出

下列假设：

假设 9：员工随和性越高，则申诉获得满意解决可能性越高。

假设 10：员工尊从权威价值观越高，则申诉获得满意解决可能性越高。

(5) 外向性。外向性是表示人际关系间互动的数量和频度、对刺激的需要以及获得愉悦的能力。外向性越高则人际关系的参与程度和活跃水平越高，沟通能力也越强(Costa 和 MeCrae，1985)，因此和相关不公正对待责任人沟通起来成本越低，也更容易和相关责任人建立信任关系，于是通过申诉实现争议满意解决的可能性更大。因此，本课题研究提出下列假设：

假设 11：员工外向性越高，则申诉获得满意解决可能性越高。

(6) 力量、申诉方式和申诉体系。力量较大的员工更容易促使协商结果靠近自身设定的公正对待规范，因此，更容易实现争议的满意解决。类似的，如果组织内有申诉系统，则员工在正式申诉体系的帮助下，员工协商的力量得以增强，纠正上级或组织相关决策的可能性也会加强，因此，最终实现争议满意解决的可能性更高。因此，本课题研究提出下列假设：

假设 12：员工力量越大，则申诉获得满意解决可能性越高。

假设 13：相比使用非正式申诉，员工使用正式申诉后获得满意解决可能性更高。

假设 14：组织具有申诉体系时，则员工申诉获得满意解决可能性更高。

(7) 威权领导和集体主义文化。威权领导风格，使得领导者与下属之间的社会距离较大，且领导者往往集权力于一身，在管理上采取个人意志的方式作出决策，下属在大部分的情境中只能听命行事和绝对服从权威(李锐、凌文辁和柳士顺，2012)。在威权领导下，员工的协商力量相对较小，故压迫相关责任人调整决策的可能性也较低，因此争议得到满意解决的可能性也较低。类似地，集体主义文化下，组织鼓励员工服从组织利益(吕庆燕、王有智和王振宏，2010)，在群体压力下，员工的协商力量也会大大下降，争议得到满意解决的可能性也会下降。因此，本课题研究提出

下列假设：

假设 15：威权领导程度越高，则员工申诉获得满意解决可能性越低。

假设 16：单位集体主义文化水平越高，则员工申诉获得满意解决可能性越低。

(8) 不公正事件责任人。如前文所述，当责任人是上级时，员工需要纠正的只是上级某个决策所引发的不公正对待，而当责任人是组织(老板和管理层)时，员工往往需要纠正的是相关管理制度或政策所引发的不公正对待，因此，相比上级是责任人，组织为责任人时纠正相关决策耗费的成本更高、难度更大，故申诉成功的可能性也更小。因此，本课题研究提出下列假设：

假设 17：当不公正对待责任人是上级时，员工申诉获得满意解决可能性更高。

(9) 不公正事件负面影响程度。如前文所述，不公正事件的负面影响程度越高，说明相关责任人的不公正对待与员工认定的公正对待规范之间的距离越远，因此，纠正相关决策的难度也越大，故争议得以满意解决的可能性更低。另外，员工遭遇不公正对待的负面影响程度越高，则对相关责任人的信任程度也会随之下降，因此相关责任人基于相互信任而调整相关决策的可能性会更低。综上，本课题研究提出下列假设：

假设 18：不公正事件负面影响程度越高，则员工申诉获得满意解决可能性越低。

7.2.3 相关变量对员工申诉效果影响的研究结果

在选择组织内申诉(包括组织内正式申诉和非正式申诉)的 306 名员工中，直接使用非正式申诉的有 280 人；直接使用组织内正式申诉的有 26 人；在第二阶段，使用非正式申诉无果后转组织内正式申诉的有 108 人。因此，在组织内共发生 414 次申诉行为，其中 280 次为非正式申诉，以及 134 次(26 次＋108 次)为组织内正式申诉；并且，在这 414 次申诉中，得到满意解决的有130次，对申诉结果不满意有284次。那么，什么因素会影响这414次申诉的满意解决？

其中，争议满意解决设定为1(130次)，未满意解决设定为0(284次)。分别涉及人口统计学变量(如性别、年龄)、不公正事件变量(如责任人、负面影响程度)、个体特征变量(如随和性、力量)和组织特征变量(如集体主义文化)等。这些变量将分别作为自变量与"每次申诉是否满意"进行逻辑回归，回归结果如表7-2所示。

表7-2 相关变量对每次申诉是否满意的影响($n=414$)

序号	变量	B	Exp(B)
1	性别	−0.12	0.88
2	年龄	0.20	1.22
3	受教育程度	−0.19	0.83
4	累计工龄	0.16^{+}	1.18
5	与上级共事时间	0.11	1.11
6	单位性质	0.02	1.02
7	行业性质	-0.56^{*}	0.57
8	单位规模	0.36^{***}	1.43
9	责任人	-0.51^{*}	0.60
10	负面影响程度	-0.23^{*}	0.79
11	申诉方式	1.65^{***}	5.20
12	随和性	0.16	1.17
13	外向性	0.23^{*}	1.26
14	力量	−0.03	0.98
15	尊从权威	0.20^{+}	1.22
16	威权领导	−0.12	0.89
17	集体主义文化	0.06	1.06
18	申诉体系	0.48^{+}	1.61

注：$^{+}$表示$p<0.10$，*表示$p<0.05$，***表示$p<0.001$。

从表 7-2 的结果可以发现，当每次申诉是否满意解决（水平数值 0 为不满意，1 为满意）为因变量时，累计工龄（$b=0.16$，$p<0.10$，$OR=1.18$）、行业性质（制造业设定为 0，服务业设定为 1）（$b=-0.56$，$p<0.05$，$OR=0.57$）、单位规模（$b=0.36$，$p<0.001$，$OR=1.43$）、责任人（上级设定为 0，组织设定为 1）（$b=-0.51$，$p<0.05$，$OR=0.60$）、不公正事件的负面影响程度（$b=-0.23$，$p<0.05$，$OR=0.79$）、申诉方式（非正式申诉设定为 0，组织内正式申诉设定为 1）（$b=1.65$，$p<0.001$，$OR=5.20$）、外向性（$b=0.23$，$p<0.05$，$OR=1.26$）、尊从权威（$b=0.20$，$p<0.10$，$OR=1.22$）、是否存在申诉体系（没有设定为 0，具有设定为 1）（$b=0.48$，$p<0.10$，$OR=1.61$）作为自变量时，Wald 检验值显著。

并且，员工累计工龄每提高一个单位，则申诉获得满意解决的可能性将提高 18%；制造业员工申诉获得满意解决的可能性是服务业的 1.75 倍（即 1/0.57）；单位规模每提高一个单位，则选择申诉获得满意解决的可能性将提高 43%；责任人是上级的申诉获得满意解决的可能性是责任人是组织的 1.67 倍（即 1/0.60）；不公正事件的负面影响程度每提高一个单位，则选择申诉获得满意解决的可能性将下降 1.27 倍（即 1/0.79）；使用组织内正式申诉获得满意解决的可能性是非正式申诉的 5.20 倍；员工外向性水平每提高一个单位，则选择申诉获得满意解决的可能性将提高 26%；员工认为尊从权威的价值观每提高一个单位，则选择申诉获得满意解决的可能性将提高 22%；组织内存在正式申诉体系则申诉能够获得满意解决的可能性是没有申诉体系的 1.61 倍。

同时，上述 9 个变量（包括累计工龄、行业性质、单位规模、不公正事件责任人、不公正事件负面影响程度、外向性、尊从权威、组织内是否有申诉体系、申诉方式）的影响方向也与假设方向保持一致。因此，本课题研究得出以下结论：

① 员工累计工龄越长，则越容易和相关责任人建立亲密关系[①]，故增加了申诉成功的可能性。

② 相较服务业，制造业相对管理体系更健全，员工协商力量会更强，故申诉成功的可能性更大。

③ 类似地，单位规模越大，则管理体系更健全，员工协商力量会更强，故申诉成功的可能性更大。

④ 当组织为不公正事件责任人时，不公正对待多为组织层面的相关管理制度或政策，因此调整相关决策难度更大、成本更高，故申诉成功的可能性更小。第6章员工沉默的研究结果也表明，当责任人是组织时，员工的默许沉默水平也更高。

⑤ 不公正事件负面影响程度越高，则调整后不劣于员工认定的公正对待规范的难度也会越大，故申诉成功的可能性更小。第6章员工沉默的研究结果也表明，不公正事件的负面影响程度越高，则员工的默许沉默水平也越高。

⑥ 员工外向性水平越高，则沟通能力越强，和上级建立信任关系的可能性也会越高[②]，故申诉成功的可能性也越大。

⑦ 员工尊从权威价值观的水平越高，则更容易建立和相关责任人的双向信任关系[③]，因此申诉成功的可能性更大。

⑧ 使用正式申诉会提高员工的协商力量，因此增加了申诉成功的可能性。

⑨ 当组织有申诉体系时，如果员工使用则会提高其申诉力量，故申诉成功的可能性也会更高。

---

① 根据本次调查（$N=620$），累计工龄与员工对组织信任相关性显著，相关系数为 $r=0.08$，$p<0.10$；累计工龄与员工对上级信息相关性为正，但并不显著，$r=0.05$，$p>0.10$。

② 根据本次调查（$N=620$），员工外向性水平越高，其对上级和组织的信任水平也越高。相关系数分别为 $r=0.23$，$p<0.001$；$r=0.35$，$p<0.001$。

③ 根据本次调查（$N=620$），员工尊从权威价值观与员工对上级和组织信任显著相关。相关系数分别为 $r=0.45$，$p<0.001$；$r=0.44$，$p<0.001$。

7.3 申诉效果对相关工作态度和行为的影响

本节主要研究申诉效果对员工相关工作态度和行为的影响。由于本次调查并没有搜集组织外正式申诉效果的数据,因此这里的申诉效果是指除去最终选择组织外正式申诉的员工后(41 人),选择组织内申诉的员工(269 人)是否最终取得满意申诉效果。在选择组织内申诉的员工中,有 130 人申诉得以在组织范围内满意解决,有 139 人选择了沉默,即申诉没有得到满意解决。另外,相关工作态度和行为包括员工对上级和组织的信任、工作满意度、组织承诺和工作偏差行为。

7.3.1 争议是否得到满意解决的情境下,员工相关工作态度和行为的现状

申诉后争议得到满意解决和未满意解决的员工的相关工作态度和行为的现状如图 7-5 所示。从图 7-5 中可以发现:

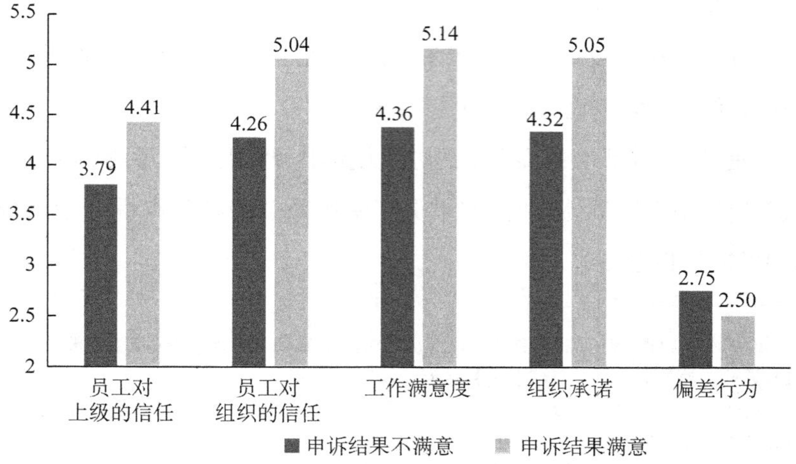

图 7-5 争议是否得到满意解决的情境下,员工相关工作态度和行为的均值($n=269$)

(1) 对申诉结果满意的员工,其对上级和组织的信任、工作满意度、组织承诺的均值都明显高于对申诉结果不满意的员工。

(2) 对申诉结果满意的员工,其工作偏差行为的均值则略低于对申诉结果不满意的员工。

7.3.2 申诉效果对员工相关工作态度和行为影响的研究假设

(1) 争议解决与信任。信任是个体收益依赖他人并且此收益存在风险时,个体对他人对己收益影响的预期和假设(Romano, 2003)。如果个体预期他人对己收益的影响为正,则存在正的信任;如果收益为负,则为不信任;如果预期正的影响很大,则为高度信任,影响很小,则低度信任;如果预期负的影响很大,则为高度不信任,影响很小,则低度不信任。当员工遭遇相关责任人不公正对待后,通过申诉将相关争议得以满意解决,说明相关责任人能站在员工立场上纠正对员工利益的侵害,员工也会预期相关责任人后续同样会站在员工立场上带给自己正的收益,而非负的收益,故信任水平也较高。相反地,如果申诉并没有取得满意结果,则说明相关责任人不能站在员工立场上,并默许了侵害员工利益的决策发生,员工因此会预期相关责任人后续仍会实施侵害自己利益的行为,故信任水平相对较低。综上,本课题研究提出下列假设:

假设19:争议满意解决的员工具有更高的员工对上级的信任。

假设20:争议满意解决的员工具有更高的员工对组织的信任。

(2) 争议解决与工作满意度。根据工作满意度的差距性定义,即工作满意度是员工的满足程度,取决于员工在特定的工作环节中实际获得的报酬与其预期应获得报酬间的差距(Greenberg 和 Baron, 1997)。当员工遭遇不公正对待并通过申诉将相关争议顺利解决,这种解决可以是相关责任人纠正对员工利益的侵害,并帮助员工回归合理的工作环境,也可以是通过补偿员工利益的损失,来保证员工的实际所得与预期所得差距减小甚至消失，工作满意度也会提高。相反地，如果相关争议无法解决，则实际所得与预期所得差距仍然存在，故工作满意度相对较低。综上，本课题研究提出下列假设：

假设 21：争议满意解决的员工具有更高的工作满意度。

(3) 争议解决与组织承诺。如前文所述，当员工遭遇不公正对待时，会影响自己在组织中的社会认可和自我价值(Tyler，Degoey 和 Smith，1996)，并负向影响员工对组织的承诺。当员工通过申诉得以解决争议，则会提高自己在组织中的社会认可和自我价值的知觉，也会提高自己对组织的承诺；相反地，如果申诉不能解决争议，则意味员工仍会保持低水平的社会认可和自我价值的知觉，故组织承诺水平会下降。综上，本课题研究提出下列假设：

假设 22：争议满意解决的员工具有更高的组织承诺。

(4) 不公正对待与工作偏差行为。如前文所述，基于社会交换理论的互惠原则，一方面，人们应当帮助那些帮助过他们的人；另一方面，人们也不应当伤害那些帮助过他们的人(Goulder，1960)。当员工通过申诉解决不公正对待，意味相关责任人解除了对员工利益的侵害，那么员工实施惩罚性公平的意愿也会减少；相反地，如果申诉没有成功，意味相关责任人侵害员工利益的决策无法纠正，员工实施惩罚性公平的意愿也会提高。因此，本课题研究提出下列假设：

假设 23：争议满意解决的员工具有更低的工作偏差行为。

7.3.3 申诉效果对员工相关工作态度和行为影响的研究结果

通过单因素方差分析申诉是否取得满意结果在员工对上级和组织信任、工作满意度、组织承诺和工作偏差行为上的差异。其具体结果如表 7-3 所示，结果表明：

(1) 申诉满意解决的员工对上级和组织信任的程度显著高于没有解决的员工(F 值分别为 $F=20.10$，$p<0.001$；$F=38.61$，$p<0.001$)。

(2) 申诉满意解决的员工的工作满意度和组织承诺水平显著高于没有解决的员工(F 值分别为 $F=27.36$，$p<0.001$；$F=16.25$，$p<0.001$)。

(3) 尽管在工作偏差行为方面，申诉满意解决的员工的均值($M=2.50$)低于未满意解决员工($M=2.75$)，但方差分析结果表明两者在工作偏差行为上并没有显著差别($F=2.47$，$p>0.10$)。

上述研究结果与假设基本保持一致，即选择申诉的员工如果争议得到最终解决，则会显著提高员工对上级和组织信任以及工作满意度和组织承诺，但对员工的工作偏差行为并无显著影响。本研究结果也说明组织及时采取针对性措施来提高员工的申诉效果，并解决员工遭遇的不公正对待是非常必要的。

表 7-3　争议是否满意解决对员工相关工作态度和行为的影响($n=269$)

	没有解决($n=139$)		满意解决($n=130$)		F 值
	M	SD	M	SD	
员工对上级的信任	3.79	1.09	4.42	1.20	20.10***
员工对组织的信任	4.26	1.05	5.04	1.01	38.61***
工作满意度	4.36	1.20	5.14	1.24	27.36***
组织承诺	4.32	1.53	5.05	1.40	16.25***
工作偏差行为	2.75	1.31	2.50	1.22	2.47

注：*** 表示 $p<0.001$。

第8章

报复和补偿

本章重点研究的对象为员工申诉之后所引发的后续结果——被申诉者的报复和补偿，基于数据搜集的调查结果，主要讨论三个部分的内容：员工申诉后是否会存在相关责任人的报复和补偿；什么因素会影响相关责任人的报复和补偿；员工经历报复和补偿后是否会影响后续的相关工作态度和行为。

8.1 报复和补偿的内涵

由于以责任人报复和补偿为主题的研究相对较少，本章首先需明确报复和补偿的内涵。

8.1.1 相关责任人对申诉员工的报复

(1) 报复的发生是由于员工的申诉行为给相关责任人利益造成了负面影响，故相关责任人采取措施对员工进行惩罚。

(2) 申诉对相关责任人的负面影响来自两个方面，比如申诉是对责任人决策的挑战，会被他人质疑责任人决策能力，从而对责任人外部形象存在损害。另外，申诉的结果可能会迫使责任人对侵害员工利益的决策进行纠正或做一定程度的调整，纠正和调整不仅对责任人外部形象有负面影响，可能还涉及资源的投入(例如时间、金钱和人力等)。

(3) 相关责任人的报复内容可以是责任人凭借其权力对员工明确察觉下的工作机会、培训机会、晋升机会等的剥夺，也可以是暗中对员工资源支持和指导等方面的削弱。

(4) 相关责任人的报复并不是明确告知员工会实施的，常常为暗中报复，员工往往在报复发生后，通过和他人的比较才意识到相关责任人对其施加了报复行为。

(5) 根据报复机会(例如培训机会、晋升机会等)的出现情况以及员工申诉对责任人的负面影响程度，责任人可能只实施一次报复，也可能实施多次。

8.1.2 相关责任人对申诉员工的补偿

(1) 补偿是相关责任人为了弥补由于其不公正对待给员工带来的利益损失而实施的补救行动。

(2) 责任人实施补偿的内容可以是员工明确察觉到的，如工作机会、培训机会、晋升机会、资源支持、金钱补偿等；也可以是隐性、不易察觉的，如对员工特定任务的支持和协助。

(3) 广义的补偿可以分为两种类型，一种为申诉中相关责任人意识到对员工利益存在侵害后，公开承诺的补偿；另一种为私下发生的额外补偿，即申诉过程中并未明确告知员工，员工在得到补偿前后，有时会得到责任人告知，有时则通过和他人的比较才意识到相关责任人对其的补偿。第一种类型的补偿可以归为责任人纠正或调整决策的一部分，属于申诉效果的一部分。第二种类型的补偿则是出乎员工意料之外的，没有被员工归为申诉效果之中。本章所调查的补偿为第二种类型的私下发生的额外补偿。

(4) 责任人没有选择在员工申诉过程中公开补偿，或是由于不确定可以调动哪些资源给予补偿；或是由于不确定自己是否有足够的权力可以调动这些资源。因此，责任人只能在补偿机会和补偿资源出现时，才能实施补偿。

(5) 责任人实施补偿是由于意识到其决策导致员工利益受损，为了避免其实施惩罚性公平(例如实施工作偏差行为)而私下给予的补偿。此种利益受损来自责任人的评估，可能和员工对其利益受损情况的评估并不一致。因此，责任人的补偿可能存在下列几种情境：

① 员工申诉后，相关责任人可能由于某些原因无法纠正其决策(比如晋升的名额只有一个，并且晋升工作已经完成，责任人无法纠正该决定)，也无法承诺予以补偿，员工自然不满意申诉效果，于是责任人在补偿机会和补偿资源出现时予以私下补偿，例如无法给予晋升机会，则可以给予奖金补助，或其他培训等。

② 员工申诉后，相关责任人可以调整其决策(也包括承诺可以给予补偿)，但由于某些原因导致调整幅度无法令员工完全满意，于是在补偿机会和补偿资源出现时予以私下补偿。

③ 员工申诉后，相关责任人可以调整其决策(也包括承诺可以给予补偿)，并且员工满意责任人对相关决策的调整，但责任人认为并未完全补偿员工的利益受损，于是在补偿机会和补偿资源出现时予以私下的额外补偿。

(6) 补偿可能是一次性提供的，比如通过多发奖金给予补偿，也可能实施多次补偿，比如当有资源分配机会时，会给予之前利益受侵害员工更多的工作资源，当有培训机会时，仍会优先考虑之前利益受到侵害的员工。

8.2 报复和补偿的现状

8.2.1 报复和补偿的总体情况

(1) 在选择申诉的 310 名员工中，认为在申诉后被相关责任人“穿小鞋”(即报复)的有 157 人，占比 50.6%；认为申诉后被相关责任人给予“额外照顾"(即补偿)的有53人,占比17.1%;认为和平时无差别的有100人,占比32.3%,具体如图8-1所示。从图中可以发现,认为遭到报复的员工比例要明显高于无差别和被给予补偿的员工比例。

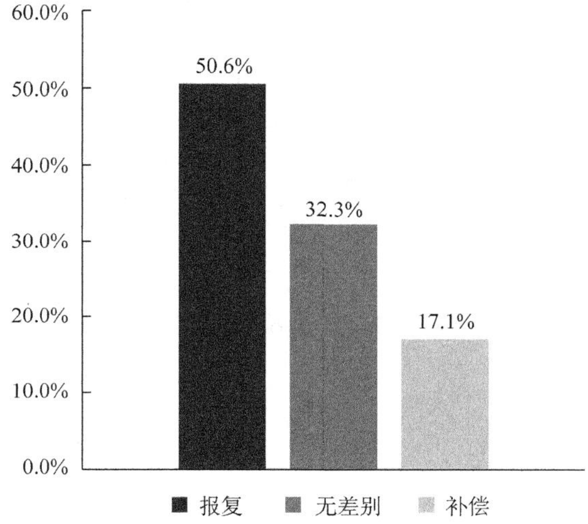

图8-1 员工申诉后被报复和补偿的现状($n=310$)

(2) 在申诉后认为得到相关责任人报复的157名员工中,认为有过1~2次被"穿小鞋"的有87人,占比55.4%;认为有时会被责任人"穿小鞋"的有58人,占比36.9%;认为经常被"穿小鞋"的有12人,占比7.6%,具体如图8-2所示。

(3) 在申诉后认为自己得到补偿的53名员工中,认为得到1~2次额外照顾的有32人,占比60.4%;认为有时会得到额外照顾的有21人,占比39.6%;认为经常被照顾的有0人,具体如图8-3所示。

8.2.2 非正式申诉和正式申诉后员工经历的报复和补偿

在选择申诉的310名员工中,有158名员工只选择了非正式申诉,这些员工中认为被相关责任人报复的有64人,占比40.5%;认为被相关责任人

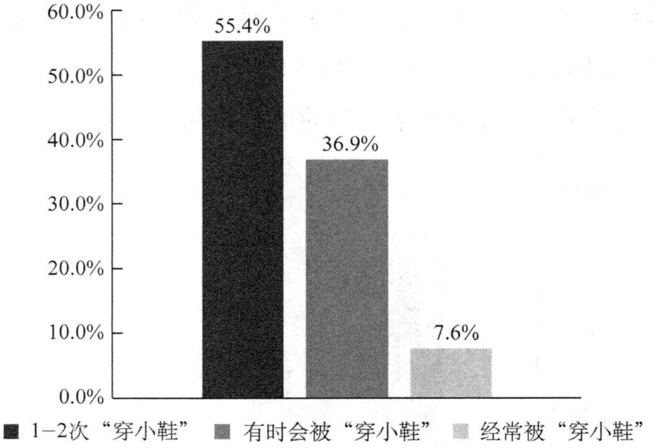

图 8-2　被报复员工的被报复程度(n=157)

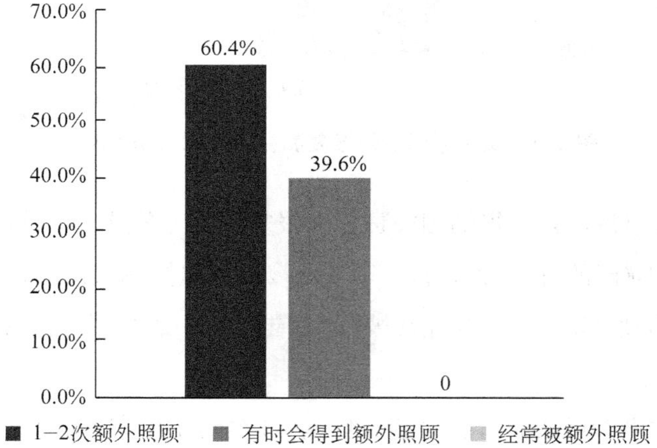

图 8-3　被补偿员工的被补偿程度(n=53)

补偿的有 29 人，占比 18.5%；认为申诉前后没差异的有 65 人，占比 41.0%。

另外，有 152 人最终选择了正式申诉(包括直接使用正式申诉的员工，和非正式申诉无果后再使用正式申诉的员工)，这些员工中认为被相关责任人报复的有93人，占比61.2%；认为被相关责任人补偿的有24人，占比15.8%；认为和平时没差异的有35人，占比23.0%。具体如图8-4所示。从图8-4可以发现，选择正式申诉更容易遭到相关责任人的报复，而更少给予补偿。因此，组织构建或完善相关正式申诉体系以保障申诉者权益是尤为重要的。

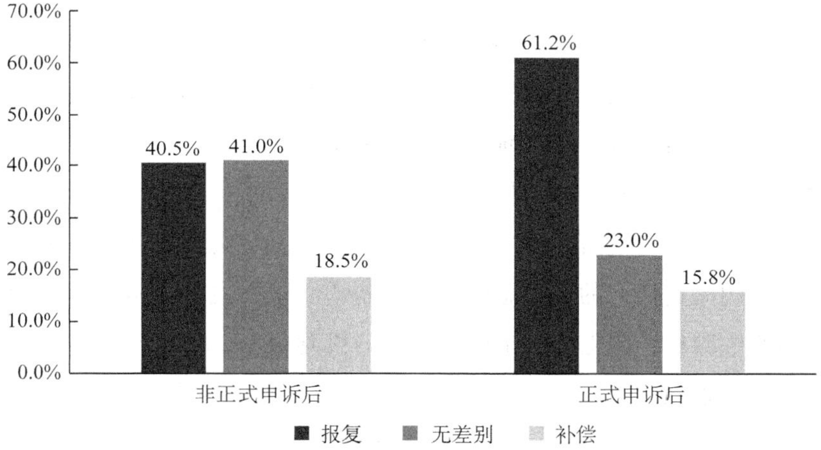

图8-4 非正式申诉和正式申诉后员工经历的报复和补偿($n=310$)

8.3 相关变量对报复和补偿的影响

本节主要研究相关变量对员工被报复和被补偿的影响。其中相关变量涉及人口统计学变量(例如性别、年龄)、个体特征变量(例如随和性、力量等)、不公正事件变量(例如责任人、负面影响程度等)、申诉方式(即正式申诉还是非正式申诉)和组织特征变量(例如集体主义文化、是否存在申诉体系等)。

本节将首先提出相关变量对责任人报复和补偿影响的机制和假设，然后分析这些变量对报复和补偿的影响结果。

8.3.1 相关变量对相关责任人实施报复和补偿的影响机制

8.3.1.1 影响报复行为的中介机制

本课题研究认为相关责任人实施报复行为取决于报复的意愿和报复的机会。当责任人实施报复的意愿越强，则报复行为发生的可能性也就越高；当责任人实施报复的机会越多，则报复行为发生的可能性也就越高。

(1) 报复的意愿。本课题研究认为报复意愿主要取决于申诉对相关责任人的负面影响。当责任人认为员工的申诉对其利益的负面影响较大，则报复的意愿相对较强。相反地，如果申诉对相关责任人负面影响较小，则相关责任人通过报复以惩罚员工的意愿较小。

最后，组织中也会存在一些对相关责任人报复意愿的制约和阻力，会负向影响相关责任人的报复意愿。这种制约和阻力主要来自两个方面，一个是组织中存在相关保障员工申诉权益的机制(例如工会或人力资源部等第三方)，如果责任人实施报复反而可能给自身利益带来负面影响。另一个是员工本身的相对力量，如果责任人实施报复可能引发员工进一步的反击，员工力量较大则反击带给责任人的负面影响也会较大。但考虑到责任人实施报复可以是隐性的，员工即便能够察觉但很难有实际证据来举证，另外考虑到责任人的报复意愿更多取决于员工的申诉带给自己的直接负面影响，因此在本章中没有将这两个制约因素列入中介机制进行考察。

(2) 报复的机会。相关责任人的报复是对员工利益的再损害，因此可以影响员工利益的机会越多，则实施报复给予员工利益再损害的可能性也就越多。相反地，如果对员工利益影响的机会较少，则报复行为发生的可能性也就较小。

综上，本课题研究提出相关变量对责任人报复行为的影响机制和最终影响方向如表 8-1 所示。表 8-1 中“＋”代表正的影响；“－”代表负的影响，具体来说：

(1) 对于因变量“报复行为”来说,总体影响中“+”代表相关变量导致责任人实施报复行为的可能性更大;“—”代表相关变量导致责任人实施报复行为的可能性更小。

(2) 对于中介机制变量“报复意愿”和“报复机会”来说,“+”代表在相关变量作用下,责任人的报复意愿越高、报复机会越多;“—”则代表在相关变量作用下,责任人的报复意愿越低、报复机会越少。

表 8-1　相关变量对报复的影响机制和影响方向

序号	变量	报复意愿	报复机会	报复行为
1	申诉方式	+		+
2	性别	—		—
3	年龄	—		—
4	受教育程度	+		+
5	累计工龄	—		—
6	与上级共事时间	—		—
7	单位性质	—	—	—
8	行业性质	—		—
9	单位规模	+		+
10	责任人	—	—	—
11	负面影响程度	+		+
12	随和性	—		—
13	外向性	—		—
14	力量	+		+
15	尊从权威	—		—
16	威权领导	+		+
17	集体主义文化	+		+
18	申诉体系	+		+

8.3.1.2 影响补偿行为的中介机制

本课题研究认为补偿行为的发生取决于责任人补偿的意愿、补偿的能力和补偿的机会。责任人如果实施补偿则首先要有补偿员工的意愿，并且能够调动资源（比如工作机会、工作资源、金钱补偿等）去实施补偿，最后应有足够多的机会或场景去实施补偿。责任人补偿的意愿越强、补偿的能力越大、补偿的机会越多，则责任人实施补偿的可能性也越大。

(1) 补偿的意愿。补偿的意愿是指相关责任人在员工申诉后，是否愿意对员工利益的受损部分进行私下的额外补偿。当责任人认为员工的申诉行为对其利益的负面影响较大，则基于社会交换的互惠原则（Goulder，1960），补偿员工的意愿相对较低；相反地，如果申诉对相关责任人负面影响较小，则责任人的补偿意愿相对较高。

(2) 补偿的能力。补偿往往涉及工作机会、工作资源和金钱补偿等，当相关责任人拥有的补偿能力越强，即可以调动的资源越充足，则给予员工补偿的可能性越高，并且补偿程度也就越大。相反地，当责任人拥有的补偿能力有限，可以调动的资源较少，则补偿员工的可能性也较小，并且补偿程度也会较低。

(3) 补偿的机会。相关责任人的补偿是对员工利益的再增加，因此可以影响员工利益的机会越多，则实施补偿的可能性也就越多。相反地，如果对员工利益影响的机会较少，则补偿行为发生的可能性也就越小，总体的补偿程度也会越小。

综上，本课题研究提出相关变量对责任人补偿行为的影响机制和最终影响方向如表 8-2 所示。表 8-2 中“＋”代表正的影响；“－”代表负的影响，具体来说：

(1) 对于因变量“补偿行为”来说，“＋”代表相关变量导致责任人实施补偿行为的可能性更大；“－”代表相关变量导致责任人实施补偿行为的可能性更小。

（2）对于中介机制变量“补偿意愿”“补偿能力”“补偿机会”来说，“＋”代表相关变量作用下，责任人的补偿意愿越高、补偿能力越强、补偿机会越多；“－”则代表相关变量作用下，责任人的补偿意愿越低、补偿能力越弱、补偿机会越少。

表 8-2　相关变量对补偿的影响机制和影响方向

序号	变量	补偿意愿	补偿能力	补偿机会	补偿行为
1	申诉方式	－			－
2	性别	＋			＋
3	年龄	＋			＋
4	受教育程度	－			－
5	累计工龄	＋			＋
6	与上级共事时间	＋			＋
7	单位性质	＋	－		－
8	行业性质	＋			＋
9	单位规模	－	＋		＋
10	责任人	＋		－	＋
11	负面影响程度	－			－
12	随和性	＋			＋
13	外向性	＋			＋
14	力量	－			－
15	尊从权威	＋			＋
16	威权领导	－			－
17	集体主义文化	－			－
18	申诉体系	－			－

8.3.2 相关变量对相关责任人实施报复和补偿影响的研究假设

基于上文提出的影响报复和补偿的中介机制，相关变量对责任人实施报复和补偿影响的假设关系如下所示：

（1）申诉方式。对于选择申诉的员工来说，正式申诉启动了相关争议处理机制并有第三方参与，而非正式申诉则是和责任人的私下沟通。因此，正式申诉的流程和程序化会占用相关责任人时间和精力；责任人实施不公正对待的信息被公开化会负面影响责任人的外部形象。故相对非正式申诉，正式申诉更容易使争端升级（Luchak，2003），对责任人的负面影响也更大，因此申诉员工后续被报复的可能性会大大增加，而被责任人补偿的可能性更低。因此，本课题研究提出下列假设：

假设1：相比正式申诉，员工非正式申诉后获得相关责任人报复的可能性更低；而补偿的可能性更高。

（2）性别、年龄和受教育程度。正如前文所述，男性相对女性，往往具备更高的力量；员工年龄越大，则市场上可以获得的就业机会就越少，往往相对力量较小；受教育程度越高，则往往在组织内承担更大责任，力量也相对较大。力量越大则在申诉过程中越能迫使责任人接受自己提出的条件，因此对责任人负面影响也就越大，故申诉后被责任人报复的可能性越高，而被责任人补偿的可能性越低。因此，本课题研究提出下列假设：

假设2：相比女性员工，男性员工获得相关责任人报复的可能性更高；而补偿的可能性更低。

假设3：员工年龄越大，则获得相关责任人报复的可能性越低；而补偿的可能性越高。

假设4：员工受教育程度越高，则获得相关责任人报复的可能性越高；而补偿的可能性越低。

（3）累计工龄以及与上级共事时间。员工累计工龄以及与上级共事时间越长，则和上级及组织之间对于对方的决策特点、行为方式、价值观越了解，往往建立了相对亲密的联系。因此，在申诉过程中也更可能站在相关责任人立场上考虑，故申诉对责任人负面影响的程度更小，因此被补偿的可能性更高，而被报复的可能性更低。综上，本课题研究提出下列假设：

假设5：员工累计工龄越长，则获得相关责任人报复的可能性越低；而补偿的可能性越高。

假设6：员工与上级共事时间越长，则获得相关责任人报复的可能性越低；而补偿的可能性越高。

（4）单位性质。相比民营企业，国有性质单位和三资企业的管理系统和管理制度建设相对完善，通过这些管理系统和管理制度的协助，申诉员工纠正相关责任人的决策力量会增强，因此对相关责任人负面影响的程度也就越大。故国有性质单位和三资企业员工被补偿的可能性更小，而被报复的可能性更高。另外，相比国有性质单位和三资企业，民营企业经营更为艰难，企业能够调动的资源相对较少，补偿能力相对较小，故给予补偿的可能性更小。最后，正如前文所述，民企员工由于离职成本更低，可以通过离职来逃避相关责任人报复，所以给予责任人实施报复的机会也相对较少。所以综合来看，本课题研究提出下列假设：

假设7：相比其他性质的单位，民营企业员工获得相关责任人报复的可能性较低；而补偿的可能性也较低。

（5）行业性质、单位规模。相比服务业的灵活体制，制造业往往会建立相对规范的管理系统和管理制度，因此申诉员工可以从相关管理系统和管理制度上得到协商力量的提高，故凭借力量迫使相关责任人调整决策的可能性也更大，于是对责任人负面影响的程度也就越大，故被补偿的可能性更小，而被报复的可能性会更大。

当单位规模越大，更多采用管理系统而非口头管理，申诉员工可以从相关管理系统和管理制度上得到协商力量的提高，故在申诉过程中对相关责任人的负面影响程度也较高。因此责任人给予员工补偿可能性更少;而报复可能性更高。另外,组织规模越大,则可以调动的资源越多,因此补偿能力更强。所以综合来看,本课题研究提出下列假设:

假设 8:相比制造业,服务业员工获得相关责任人报复的可能性更低;而补偿的可能性更高。

假设 9:组织规模越大,则员工获得相关责任人报复的可能性越高;而补偿的可能性也越高。

(6) 随和性、尊从权威。正如前文所述,随和性得分高的人乐于助人、是可信赖的和富有同情心,注重合作而不强调竞争;易于相信他人是善良的和好意的;易于遵从和听从他人的意见,遵从他人的愿望,服从他人的决定(Costa 和 MeCrae, 1985)。因此,高随和性员工在申诉时更愿意站在相关责任人立场,故申诉对责任人负面影响的程度更小,因此被补偿的可能性更高,而被报复的可能性更小。

类似地,员工尊从权威的价值观程度越高,代表对权威的尊敬程度越高(王庆娟、张金成,2012),在申诉时接受责任人条件的可能性更大,故申诉对责任人负面影响的程度更小,因此被补偿的可能性更高,而被报复的可能性更小。综上,本课题研究提出下列假设:

假设 10:员工随和性越高,则获得相关责任人报复的可能性越低;而补偿的可能性越高。

假设 11:员工尊从权威价值观越高,则获得相关责任人报复的可能性越低;而补偿的可能性越高。

(7) 外向性。外向性是表示人际关系间互动的数量和频度、对刺激的需要以及获得愉悦的能力。外向性越高则人际关系的参与程度和活跃水平越高,沟通能力也越强(Costa 和 MeCrae, 1985)。因此高外向性员工在申诉过程中和相关责任人发生冲突的可能性更小,且更容易和责任人建立信任关系,故申诉对相关责任人负面影响程度相对较小,因此申诉后被补偿的可能性更高，而被报复的可能性更小。综上，本课题研究提出下列假设：

假设 12：员工外向性越高，则获得相关责任人报复的可能性越低；而补偿的可能性越高。

(8) 力量和申诉体系。力量较大的员工会凭借自身力量迫使责任人调整相关决策的幅度更大，故对责任人负面影响更大；另外，当组织内申诉体系存在时，通过申诉系统的协助，员工纠正相关责任人决策的力量将会加强。员工的协商力量越大，则申诉后被补偿的可能性越低，而被报复的可能性越大。因此，本课题研究提出下列假设：

假设 13：员工力量越大，则获得相关责任人报复的可能性越高；而补偿的可能性越低。

假设 14：组织具有申诉体系时，则获得相关责任人报复的可能性更高；而补偿的可能性更低。

(9) 威权领导和集体主义文化。正如前文所述，在威权领导下，员工在大部分的情境中只能听命行事和绝对服从权威。员工申诉被认为是对上级权威的挑战，因此在威权领导下，员工申诉对上级负面影响程度更大。类似的，集体主义文化下，组织鼓励员工服从组织利益，因此，员工申诉同样对相关责任人有较高的负面影响。于是，在威权领导和集体主义文化下，申诉后被补偿的可能性更低，而被报复的可能性更大。综上，本课题研究提出下列假设：

假设 15：威权领导程度越高，则获得相关责任人报复的可能性越高；而补偿的可能性越低。

假设 16：组织的集体主义文化水平越高，则获得相关责任人报复的可能性越高；而补偿的可能性越低。

(10) 不公正事件责任人。当责任人是上级时，申诉的目标对象更明确，员工的申诉行为对责任人的外部形象影响更大，故对责任人的负面影响程度更大，因此，上级的补偿意愿更小，而报复意愿更强。另外，由于员工和上级互动机会更多，因此被上级补偿和报复的机会也更多。综合来看，当不公正事件责任人是直接上级时，责任人被补偿的可能性更低，而被报复的可能性更高。综上，本课题研究提出下列假设：

假设17：当不公正对待责任人是上级时，则获得相关责任人报复的可能性更高；而补偿的可能性更低。

（11）不公正事件负面影响程度。不公正事件对员工的负面影响程度越大，则员工申诉时对相关责任人形象的负面影响也就越大；并且责任人纠正此不公正对待的难度也越大，即调整其决策的幅度也越大，故责任人的补偿意愿更低而报复意愿会更高。因此，本课题研究提出下列假设：

假设18：不公正事件负面影响程度越高，则获得相关责任人报复的可能性越高；而补偿的可能性越低。

8.3.3 相关变量对相关责任人实施报复和补偿影响的研究结果

（1）相关变量对是否经历了报复的影响。在选择了申诉的310名员工中，有153人认为没有得到报复，设定为0；有157人认为得到报复，设定为1。以性别、年龄等相关变量为自变量，以“是否得到报复”为因变量分别进行逻辑回归，回归结果如表8-3所示。

表8-3 相关变量对申诉员工是否经历报复和补偿的影响(n=310)

序号	变量	是否报复		是否补偿	
		B	Exp(B)	B	Exp(B)
1	申诉方式	0.84***	2.32	−0.18	0.83
2	性别	−0.89***	0.41	0.49	1.63
3	年龄	0.05	0.96	0.17	1.19
4	受教育程度	0.25	1.29	−0.46	0.63

（续表）

序号	变量	是否报复		是否补偿	
		B	Exp(B)	B	Exp(B)
5	累计工龄	0.02	1.02	0.09	1.09
6	与上级共事时间	0.07	1.07	0.02	1.02
7	单位性质	-0.38^{+}	0.69	−0.10	0.74
8	行业	0.27	1.31	−0.49	0.61
9	单位规模	−0.04	0.96	0.59^{***}	1.80
10	责任人	-0.60^{*}	0.55	−0.40	0.67
11	负面影响程度	0.27^{*}	1.31	-0.33^{*}	0.72
12	随和性	-0.37^{**}	0.69	0.40^{*}	1.49
13	外向性	-0.18^{+}	0.84	0.33^{*}	1.39
14	力量	0.09	1.10	−0.11	0.90
15	尊从权威	-0.32^{**}	0.72	0.40^{**}	1.49
16	威权领导	0.15	1.16	−0.11	0.90
17	集体主义文化	-0.17^{+}	0.85	0.23^{+}	1.26
18	申诉体系	0.10	1.11	0.59	1.79

注：$^{+}$表示 $p<0.10$，*表示 $p<0.05$，**表示 $p<0.01$，***表示 $p<0.001$。

从表8-3的结果可以发现：当员工是否经历报复（水平数值0为没有报复，1为得到报复）为因变量时，申诉方式（非正式申诉设定为0，正式申诉设定为1）（$b=0.84$，$p<0.001$，$OR=2.32$）、性别（男性设定为0；女性设定为1）（$b=-0.89$，$p<0.001$，$OR=0.41$）、单位性质（民营企业设定为1，其他性质单位设定为0）（$b=-0.38$，$p<0.10$，$OR=0.69$）、责任人（上级设定为0，组织设定为1）（$b=-0.60$，$p<0.05$，$OR=0.55$）、不公正事件的负面影响程度（$b=0.27$，$p<0.05$，$OR=1.31$）、随和性（$b=-0.37$，$p<0.01$，$OR=0.69$）、外向性（$b=-0.18$，$p<0.10$，$OR=0.84$）、尊从权威（$b=-0.32$，$p<0.01$，$OR=0.72$）、集体主义文化（$b=$

-0.17, $p<0.10$, $OR=0.85$)作为自变量时，Wald 检验值显著。

并且，正式申诉被报复的可能性是非正式申诉的 2.32 倍；男性被报复的可能性是女性的 2.44 倍（即 1/0.41)；其他性质单位企业员工被报复的可能性是民营企业的 1.45 倍（即 1/0.69)；责任人是上级被报复的可能性是组织的 1.82 倍（即 1/0.55)；不公正事件负面影响程度每提高一个单位，则被报复的可能性将提高 31%；员工随和性每提高一个单位，则被报复的可能性将下降 1.45 倍（即 1/0.69)；员工外向性每提高一个单位，则被报复的可能性将下降 1.19 倍（即 1/0.84)；员工尊从权威每提高一个单位，则被报复的可能性将下降 1.39 倍（即 1/0.72)；组织的集体主义文化程度每提高一个单位，则被报复的可能性将下降 1.18 倍（即 1/0.85)。

同时，在上述变量中，除了集体主义文化外，其他 8 个变量（包括申诉方式、性别、单位性质、不公正事件责任人、不公正事件负面影响程度、随和性、外向性、尊从权威）的影响方向与假设方向保持一致。因此，本课题研究可以得出以下结论：

① 员工如果选择正式申诉，则对相关责任人负面影响程度更大，故被报复的可能性更高，该结果与国外相关研究的结论是一致（例如 Lewin, 1987；Olson-Buchanan 和 Boswell, 2002)。

② 相比女性员工，男性员工由于力量更大，故在申诉中迫使责任人调整其决策的程度更高，故被报复的可能性也更高，该结果和上文（具体见第 6 章员工沉默）的结论是一致的，即男性员工因为顾虑责任人的报复，其防御沉默的水平也高于女性员工。

③ 由于民营企业离职成本更低，故通过离职逃避报复的可能性更大，因此相对其他性质单位，被报复的可能性更小。

④ 当责任人为上级时，由于申诉的目标明确，并且上级和员工的互动机会更多，因此相对责任人为组织，上级为责任人时，报复意愿和报复机会都相对较高，故实施报复的可能性也更大，该研究结论与国外相关研究的

结论也是一致的(例如 Klaas 和 DeNisi, 1989)。

⑤ 当不公正事件给员工带来的负面影响程度越大,则申诉给责任人的外部形象负面影响更大,而且责任人纠正其决策的幅度也会越大,故责任人报复意愿更高,实施报复的可能性也更大。

⑥ 员工随和性越高、尊从权威价值观的程度越高,则在申诉过程中也会更愿意站在责任人立场上,故责任人报复的意愿也更低,实施报复的可能性也更小。

⑦ 员工外向性越高,则沟通能力越强,在申诉过程中引致责任人不满而被报复的可能性也更低。

另外,本课题研究认为集体主义文化的影响方向和假设方向不一致的原因在于存在两个相反作用的影响机制:一方面,员工在集体主义文化下更鼓励对集体利益的服从,因此员工申诉会对相关责任人的负面影响程度更高,故责任人报复意愿会更强;但另一方面,责任人私下实施报复会伤害整个集体的稳定和利益,故报复意愿也会下降。因此,后续研究可以考虑增加调节变量以进行更深入的考察。

(2) 相关变量对是否经历了补偿的影响。对于申诉的 310 名员工中,257 人认为没有得到补偿设定为 0,53 人认为得到补偿设定为 1。以性别、年龄等相关变量为自变量,以"是否得到补偿"为因变量分别进行逻辑回归,具体结果如表 8-3 所示。

从表 8-3 的结果可以发现,当员工是否经历补偿(水平数值 0 为没有补偿,1 为得到补偿)为因变量时,单位规模($b=0.59$, $p<0.001$, $OR=1.80$)、不公正事件的负面影响程度($b=-0.33$, $p<0.05$, $OR=0.72$)、随和性($b=0.40$, $p<0.05$, $OR=1.49$)、外向性($b=0.33$, $p<0.05$, $OR=1.39$)、尊从权威($b=0.40$, $p<0.01$, $OR=1.49$)、集体主义文化($b=0.23$, $p<0.10$, $OR=1.26$)作为自变量时,Wald 检验值显著。

并且,单位规模每提高一个单位,则被补偿的可能性将提高 80%;不公正事件负面影响程度每提高一个单位，则被补偿的可能性将下降 1.39 倍（即 1/0.72）；员工随和性每提高一个单位，则被补偿的可能性将提高 49%；员工外向性程度每提高一个单位，则被补偿的可能性将提高 39%；员工认为应尊从权威的程度每提高一个单位，则被补偿的可能性将提高 49%；组织集体主义文化程度每提高一个单位，则被补偿的可能性将提高 26%。

同时，在上述变量中，除集体主义文化外，其他 5 个变量（包括单位规模、不公正事件负面影响程度、随和性、外向性、尊从权威）的影响方向与假设方向保持一致。因此，本课题研究可以得出以下结论：

① 单位规模越大，则责任人的补偿能力也越强，会正向影响补偿的可能性，第 6 章员工沉默的研究结果也发现，组织规模越大，则员工忠诚沉默越高。

② 员工经历不公正事件的负面影响程度越大，则申诉对责任人形象负面影响越大，且纠正其决定所耗费的资源应更多，故责任人的补偿意愿更低，实施补偿的可能性更小，第 6 章员工沉默的研究结果也发现，不公正事件的负面影响程度越大，则员工忠诚沉默越小。

③ 员工随和性越高、尊从权威价值观的水平越高，则申诉时更愿意站在相关责任人立场，故申诉对责任人负面影响的程度更小，因此责任人的补偿意愿更高，实施补偿的可能性更大，第 6 章员工沉默的研究结果也发现，员工尊从权威价值观的水平越高，则忠诚沉默越高。

④ 员工外向性越强，则通过其沟通能力降低申诉中发生冲突的可能性更低，也更容易和责任人建立信任关系[①]，故申诉后被补偿的可能性更高。

另外，本课题研究认为集体主义文化对补偿行为的影响方向和假设方向不一致的原因也在于存在两个相反作用的影响机制：一方面，员工在集体主义文化下被鼓励服从集体利益，因此员工申诉会对相关责任人的负面影响程度更高，故会负向影响责任人的补偿意愿。但另一方面，责任人为

① 根据本次调查（$N=620$），员工外向性水平越高，其对上级和组织的信任水平也越高。相关系数分别为 $r=0.23$，$p<0.001$；$r=0.35$，$p<0.001$。

了维护整个集体的和谐稳定，会私下提供补偿以避免申诉员工对集体的伤害。因此，后续研究可以考虑增加调节变量以进行更深入的考察。

8.4 报复和补偿对员工相关工作态度和行为的影响

本节主要研究申诉员工经历的报复和补偿对员工相关工作态度和行为的影响。相关工作态度和行为包括员工对上级和组织的信任、工作满意度、组织承诺和工作偏差行为。

本节将首先阐述申诉员工经历报复和补偿后，相关工作态度和行为的现状；然后提出员工经历报复和补偿后影响相关工作态度和行为的逻辑假设；最后分析报复和补偿对相关工作态度和行为的影响结果。

8.4.1 报复和补偿后员工相关工作态度和行为的现状

申诉员工（$n=310$）经历报复（$n=157$）、补偿（$n=53$）和无差别（$n=100$）后相关工作态度和行为的现状如图 8-5 所示。从图 8-5 中可以发现：

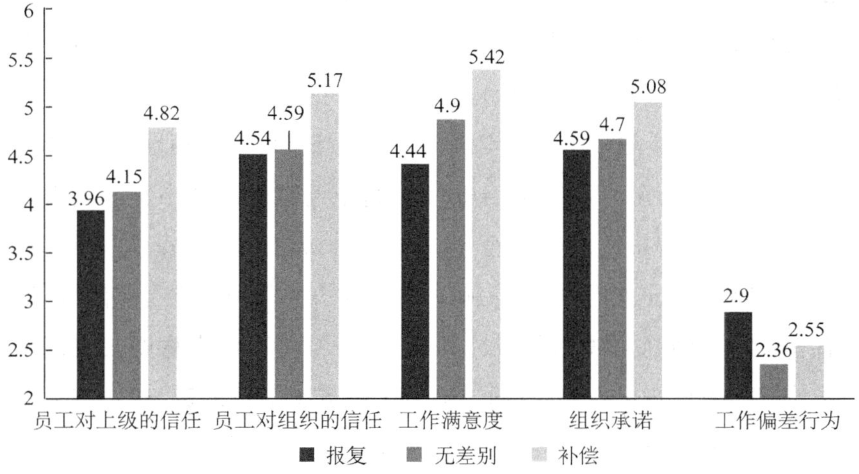

图 8-5 申诉员工经历报复和补偿后的相关工作态度和行为的均值（$n=310$）

(1) 相关责任人实施报复和补偿后,员工对上级和组织信任、工作满意度和对组织的承诺的均值从高到低排序为:补偿、无差别和报复。

(2) 相关责任人实施报复和补偿后,工作偏差行为的均值从高到低的排序为:报复、补偿和无差别。

8.4.2 报复和补偿对员工相关工作态度和行为影响的研究假设

(1) 报复、补偿与信任。如前文所述,信任是个体收益依赖他人并且此收益存在风险时,个体对他人对己收益影响的预期和假设(Romano, 2003)。当员工遭遇相关责任人不公正对待后,如果责任人能通过私下补偿以降低员工利益受侵害的程度,员工也会预期责任人后续同样会站在员工立场上带给自己正的收益,而非负的收益,故信任水平也较高。相反地,如果员工申诉反而招致相关责任人的报复行为,该报复行为会负向影响员工的收益,员工会预期责任人后续仍会实施侵害自己利益的行为,故信任水平相对较低。因此,本课题研究提出下列假设:

假设 19:报复和无差别相比,报复使员工对上级的信任水平更低;补偿和无差别相比,补偿使员工对上级的信任水平更高。

假设 20:报复和无差别相比,报复使员工对组织的信任水平更低;补偿和无差别相比,补偿使员工对组织的信任水平更高。

(2) 报复、补偿与工作满意度。根据工作满意度的差距性定义,即工作满意度是员工的满足程度,取决于员工在特定的工作环节中实际获得的报酬与其预期应获得报酬间的差距(Greenberg 和 Baron, 1997)。当上级实施补偿行为时,一定会缩小员工利益受损后的实际所得与预期所得的差距,甚至使得差距消失或正向超过员工预期,因此工作满意度会提高。相反地,当上级实施报复行为时,通过给员工利益施加负的影响,一定会扩大员工遭遇不公正对待且利益受损后的实际所得与预期所得的差距,因此工作满意度会下降。因此,本课题研究提出下列假设:

假设 21：报复和无差别相比，员工工作满意度水平更低；补偿和无差别相比，员工工作满意度水平更高。

(3) 报复、补偿与组织承诺。如前文所述，当员工遭遇不公正对待会影响自己在组织中的社会认可和自我价值(Tyler, Degoey 和 Smith, 1996)，并负向影响员工的组织承诺。当员工得到相关责任人的补偿，则会提高自己在组织中的社会认可和自我价值的知觉，也会提高自己的组织承诺。相反地，如果申诉引致了相关责任人的报复，则会进一步负向影响员工在组织中的社会认可和自我价值的知觉，导致组织承诺下降。因此，本课题研究提出下列假设：

假设 22：报复和无差别相比，报复使员工组织承诺水平更低；补偿和无差别相比，补偿使员工组织承诺水平更高。

(4) 报复、补偿与工作偏差行为。如前文所述，基于社会交换理论的互惠原则，一方面人们应当帮助那些帮助过他们的人；人们也不应当伤害那些帮助过他们的人(Goulder, 1960)。当员工知觉到相关责任人的补偿行为时，用惩罚性公平措施去伤害责任人的可能性也会下降。相反地，当员工知觉到相关责任人的报复行为时，则实施工作偏差行为以实现惩罚性公平的可能性也会提高。因此，本课题研究提出下列假设：

假设 23：报复和无差别相比，报复使员工工作偏差行为水平更高；补偿和无差别相比，补偿使员工工作偏差行为水平更低。

8.4.3　报复和补偿对员工相关工作态度和行为影响的研究结果

将员工申诉后遭遇的报复和补偿设定为三个水平：报复、无差别、补偿，通过单因素方差分析员工遭遇报复和补偿后，在员工对上级和组织信任、工作满意度、组织承诺和工作偏差行为上的差异，具体结果如表8-4所示。从表 8-4 的结果表明：

(1) 员工遭遇报复、无差别、补偿后在员工对上级的信任和员工对组织的信任上存在显著区别（F 值分别为 $F=10.75$，$p<0.001$；$F=6.56$，$p<0.01$）。

（2）员工遭遇报复、无差别、补偿后在工作满意度上存在显著区别（$F=13.26$，$p<0.001$）；而在组织承诺上没有显著区别（$F=2.10$，$p>0.10$）。

（3）员工遭遇报复、无差别、补偿后在工作偏差行为上存在显著区别（$F=5.62$，$p<0.01$）。

表 8-4　报复和补偿对员工相关工作态度和行为的影响（$n=310$）

	报复（$n=157$）		无差别（$n=100$）		补偿（$n=53$）		F 值
	M	SD	M	SD	M	SD	
员工对上级的信任	3.96	1.27	4.15	1.05	4.82	1.10	10.75***
员工对组织的信任	4.54	1.18	4.59	1.08	5.17	1.02	6.56**
工作满意度	4.44	1.38	4.90	1.10	5.42	1.03	13.26***
组织承诺	4.59	1.61	4.70	1.37	5.08	1.41	2.10
工作偏差行为	2.90	1.41	2.36	1.11	2.55	1.19	5.62**

注：** 表示 $p<0.01$，*** 表示 $p<0.001$。

针对报复、无差别和补偿的配对 t 检验（具体见表 8-5）表明：

（1）被补偿员工的对上级信任水平显著高于被报复和无差别的员工（t 值分别为 $t=4.43$，$p<0.001$；$t=3.69$，$p<0.001$）。

（2）被补偿员工的对组织信任水平显著高于被报复和无差别员工（t 值分别为 $t=3.47$，$p<0.001$；$t=3.29$，$p<0.001$）。

（3）被补偿员工的工作满意度水平显著高于被报复和无差别员工（t 值分别为 $t=4.71$，$p<0.001$；$t=2.88$，$p<0.01$）；无差别员工的工作满意度水平显著高于被报复的员工（$t=2.81$，$p<0.01$）。

（4）被补偿员工的组织承诺水平显著高于被报复员工（$t=2.10$，$p<0.05$）；无差别员工和被报复员工的组织承诺水平没有显著区别（$t=0.59$，

$p>0.10$)；无差别员工和被补偿员工的组织承诺水平没有显著区别($t=1.58$，$p>0.10$)。

(5) 被报复员工的工作偏差行为显著高于无差别和被补偿员工(t 值分别为 $t=3.23$，$p<0.001$；$t=1.74$，$p<0.10$)；无差别员工和被补偿员工的工作偏差行为水平没有显著区别($t=-0.98$，$p>0.10$)。

表 8-5　报复和补偿对员工相关工作态度和行为影响的 t 检验($n=310$)

	报复—无差别	报复—补偿	无差别—补偿
员工对上级的信任	−1.23	−4.43***	−3.69***
员工对组织的信任	−0.32	−3.47***	−3.29***
工作满意度	−2.81**	−4.71***	−2.88**
组织承诺	−0.59	−2.10*	−1.58
工作偏差行为	3.23***	1.74+	−0.98

注：+ 表示 $p<0.10$，* 表示 $p<0.05$，** 表示 $p<0.01$，*** 表示 $p<0.001$。

该结果表明：如果员工申诉后责任人施加报复，则员工工作满意度会下降，且工作偏差行为会提高；员工申诉后如果被责任人给予私下补偿，往往会提高员工对上级和组织的信任以及工作满意度。

报复和补偿对员工相关工作态度和行为的影响也表明，如果责任人给予员工补偿则会显著提高其工作表现，抵消因为不公正对待所带来的负面影响。如果责任人对申诉员工施以报复则会带来更消极的工作表现。因此，组织及时采取针对性措施(例如完善相关申诉体系，增加对责任人实施报复的惩戒措施)来降低员工被报复的可能性是非常必要的。

第9章

结论与建议

本章主要对本次调查取得的主要结论做出总结并提出相应的政策建议。

9.1 主要研究结论与政策建议

9.1.1 不公正对待

（1）不公正对待的现状。在本次调查收到的620份有效问卷中，认为在过去1年中遭遇过上级或组织不公正对待的有382人，占总人数的61.6%；没有遭遇过的有238人，占总人数的38.4%。遭遇不公正对待员工的比例明显高于以西方发达国家员工为样本的调查（例如Olson-Buchanan和Boswell，2002，2004）。

（2）公正对待规范。员工会将上级或组织的决策与自身认定的公正对待规范进行比较，当上级或组织的决策劣于该规范时，员工会知觉到上级或组织的不公正对待。员工认定的公正对待规范应包括：a.被明确规定的相关法律法规；b.上级或组织明文规定的且被员工认可的相关管理制度；c.员工对上级和组织的角色期望。

（3）不公正对待知觉的产生机制。员工产生不公正对待的知觉主要取决于员工的归因方式和相关责任人实施不公正对待的动因。当员工将不公正对待的责任更多归因于相关责任人时，则更容易知觉到责任人的不公正对待。另外，站在责任人立场上，只有当责任人决策越容易违反或劣于员工认定的公正对待规范(机会)，且被员工实施惩罚性公平给自己带来的负面影响越低(成本)，则相关责任人实施不公正对待的可能性越高。具体来说：

① 影响违反员工认定的公正规范机会是参与决策和相互了解，如果员工能够参与上级或组织的相关决策，以及上级或组织对于员工认定的公正对待规范了解越多，则上级或组织的决策违反员工认定的公正对待规范的机会也就越小。

② 员工的正式申诉和工作偏差行为是员工实施惩罚性公平的重要手段。

(4) 影响不公正对待知觉的因素。基于上述不公正对待知觉的产生机制和本次调查搜集的数据($N=620$)，研究结果证实：上级的威权领导、组织的集体主义文化、组织内是否有申诉体系是影响员工是否遭遇不公正对待的重要因素[①]。具体来说：

① 上级的威权领导越高、组织的集体主义文化水平越高，则员工参与决策机会就越少，也就越容易遭遇不公正对待。因此，在实践中应建立员工参与决策的机制，对于员工可能有较大利益影响的决策应通过职工代表大会等制度积极听取员工的反馈意见。

② 组织内没有申诉体系时，也缺少了一个了解员工认定的公正对待规范的重要渠道，并且员工通过正式申诉来实施惩罚性公平的可能性会下降，故员工更容易遭遇不公正对待。因此，在实践中组织应建立或完善申诉体系以降低员工遭遇不公正对待的可能性。

(5) 不公正对待对相关工作态度和行为的影响。研究结果表明：员工

---

① 由于篇幅有限，总结部分没有列出影响显著的相关人口统计变量。

遭遇不公正对待后会降低员工对上级和组织的信任以及工作满意度和组织承诺，并实施更高的工作偏差行为。因此，组织采取针对性措施来降低员工遭遇不公正事件的发生概率是尤为必要的。

9.1.2 反应路径

(1) 反应路径的现状。本课题研究通过前期访谈和预测试，开发了 11 条员工遭遇不公正对待后可能选择的组织内反应路径。根据本次的调查结果，遭遇不公正对待后($n=382$)，很多员工并非只有 1 个阶段的反应，而涉及 5 个阶段的反应方式：

① 反应方式 1：当员工遭遇不公正对待后，选择沉默还是申诉。实践中，选择申诉表达自己不满的员工比例更高。在遭遇不公正对待的 382 名员工中，有 310 名员工选择了申诉，占比为 81.2%；而选择沉默的有 72 名员工，占比为 18.8%。

② 反应方式 2：当员工选择申诉来解决争议时，是选择非正式申诉还是正式申诉。实践中，选择非正式申诉的员工比例更高。在选择申诉的 310 名员工中，选择非正式申诉的有 280 人，占比为 90.3%；而选择正式申诉的只有 30 人，占比为 9.7%。

③ 反应方式 3：当员工的非正式申诉没有得到满意结果时，选择沉默还是进一步的正式申诉。实践中，有 225 名员工对非正式申诉不满意，之后选择保持沉默的有 103 名，占比为 45.8%；选择正式申诉的有 122 人，占比为 54.2%。

④ 反应方式 4：当员工选择正式申诉来解决争议时，选择组织内正式申诉还是组织外正式申诉。实践中，有 152 名员工选择正式申诉，其中选择组织内正式申诉 134 人，占比为 88.2%；选择组织外正式申诉 18 人，占比为 11.8%。

⑤ 反应方式 5：当员工组织内正式申诉没有得到满意结果时，选择沉

默还是进一步地使用组织外正式申诉。实践中，共有59名员工对组织内正式申诉不满意，之后有36人选择沉默，占比为61%；有23人选择了组织外正式申诉，占比为39%。

（2）相关变量影响员工反应路径的机制。员工反应路径的选择取决于机会和所得。机会也即申诉成功的可能性大不大；所得则包括申诉成功后得到的收益以及申诉后责任人报复所带来的成本。当员工预期申诉成功的可能性越大、申诉成功后获得的收益越大、申诉后被责任人报复的可能性越小，则员工选择申诉的可能性应越大。因此，本课题研究认为相关变量会通过影响3个中介机制变量——“申诉成功可能性”“申诉收益”“责任人报复可能性”来影响员工反应路径的选择。

（3）相关变量影响员工反应路径的结果。

① 员工反应路径在两个虚拟情境下都得到支持的影响因素变量是员工对上级和组织的信任。当员工对上级和组织的信任水平越低，则认为上级或组织纠正不公正对待的可能性越低，并且被员工挑战后，选择打击报复的可能性越高。因此员工在面临申诉还是沉默的决策时，选择沉默的可能性更高；而当员工确定选择申诉时，选择非正式申诉的可能性更高。因此，如果组织希望避免“忍耐—爆发”式的劳动冲突，或者希望通过员工的申诉改进组织的效能，应着力提高员工对上级和组织的信任。具体来说，部门管理者应做到公平公正、公开开放、勇于承担责任、给与下属足够的指导和支持、履行对下属的承诺等多个方面；而组织的决策者应着力构建规范的管理体系以及和谐的劳动关系气氛，并做到公正公平、公开开放，履行对员工的承诺，在重视组织发展同时也要注重员工个人发展及员工的职业保障。

② 虚拟的上级不公正对待情境下，上级的威权领导对员工选择申诉还是沉默有显著影响。当员工知觉到的威权领导水平越高，则认为挑战成功的可能性越低，并且挑战成功被报复的可能性越高，故在面临申诉还是沉

默的决策时，选择沉默的可能性更大。因此，鉴于威权领导对员工申诉的阻碍效应，各级管理者需要调整严苛专横的专权作风，用文化、制度的权威而非领导者个人的权威来规范员工的行为(李锐、凌文辁和柳士顺，2012)。

(4) 是否申诉对员工相关工作态度和行为的影响。本次调查的研究结果表明：当员工选择申诉而非直接沉默，则会提高员工对上级和组织的信任以及工作满意度和组织承诺。因此，组织应采取相关措施，鼓励员工在遭遇不公正对待后通过正式和非正式的沟通去解决争议。

9.1.3 员工沉默

(1) 员工沉默的现状。

① 在遭遇不公正对待的 382 名员工中，只有 34.0%的员工(130 人)的不公正对待在组织范围内得到了满意解决，而一半多(55.3%)的员工(211 人)都在申诉无果后选择了沉默，没有进一步尝试解决争议，另有 10.7%的员工(41 人)选择组织外的相关机构进行申诉。

② 在最终选择沉默的 211 名员工中，34.1%的员工是在遭遇不公正对待后直接放弃了申诉，而选择了沉默；近一半(48.8%)的沉默发生在非正式申诉后，即员工在非正式申诉无果后并没有使用正式申诉。

③ 根据顺从、畏惧和合作 3 种动机的不同，员工遭遇不公正对待情境下的沉默可以分为默许沉默、防御沉默和忠诚沉默 3 种，并且本次调查表明员工沉默更多为基于顺从动机的默许沉默和基于畏惧动机的防御沉默，而基于合作动机的忠诚沉默相对较少。

(2) 员工沉默的产生机制。

① 默许沉默是指员工预期自己的申诉无法改变现状而被动、消极接受利益被侵害的事实，因此，当员工预期申诉成功的可能性越低，则默许沉默水平应越高。

② 防御沉默是指员工为了避免申诉后产生较严重的人际隔阂和报复，

而选择有意识的自我保护，因此，当员工预期申诉会引发相关责任人实施报复的可能性越高时，则防御沉默水平就越高。

③ 员工选择忠诚沉默是因为相信相关责任人会主动纠正不公正对待或给予员工一定程度上的补偿。因此，员工认为责任人主动纠正相关决策的可能性越高，则忠诚沉默的水平也就越高。影响三维度沉默的 3 个中介机制，分别为“申诉成功的可能性”“相关责任人报复的可能性”“相关责任人主动纠正的可能性”。

(3) 相关变量影响员工沉默的结果。

尊从权威、员工对上级和组织的信任对员工忠诚沉默的影响在两个虚拟情境下都得到了支持。也即，高尊从权威价值观的员工会认为在自己服从相关责任人决定后，相关责任人同样应站在员工立场上调整相关决定或予以补偿，故忠诚沉默较高。员工对上级和组织的信任水平越高，则越可能相信相关责任人会站在自己的立场上，在事后对相关决策进行调整或予以补偿，故忠诚沉默较高。而对于默许沉默和防御沉默来说，并不存在两个虚拟情境下都得到支持的影响因素。

默许沉默和防御沉默对于组织有较为直接的负面效应，而忠诚沉默意味着员工愿意给与部门管理者和组织决策者更多的时间对相关不良问题进行调整，尽管不良问题的信息反馈迟滞，但避免了员工和管理者之间的直接冲突，因此忠诚沉默对组织的影响相对中性。如果组织希望避免直接的劳动冲突并获得更充足的时间进行改善，可以选择提高员工对上级和组织的信任，以提高员工在遭遇不公正对待后的忠诚沉默。

对于组织负面影响较大的默许和防御沉默来说，组织应采取措施提高员工与上级和组织的信任水平，并通过相关机制和措施提高员工的协商力量以及申诉后的保障措施，则可以提高员工对申诉成功的预期，以及降低申诉后被报复的预期，并进而降低默许和防御沉默水平。

9.1.4 申诉效果

(1) 员工申诉效果的现状。本次调查的382名遭遇不公正对待的员工中,有306人使用了组织内申诉,其中有130人的申诉得到了满意结果,占比42.5%;有176人的申诉结果并不满意,占比57.5%。另外,本次调查也发现,正式申诉解决争议的成功率明显高于非正式申诉:在280次非正式申诉行为中,有55次得到满意解决,占比19.6%;在134次组织内正式申诉行为中,有75次得到满意解决,占比56.0%。

(2) 申诉效果的影响机制。只有相关责任人承诺调整后的决策不劣于员工认定的公正对待规范,此时员工才会认为申诉取得了满意结果。因此,员工申诉能否取得满意结果,最终取决于相关责任人的调整意愿和调整难度,也即责任人的调整意愿越大,则员工申诉效果越好;如果责任人调整难度越大,则申诉效果就越差。具体来说:

① 影响调整意愿的因素包括力量和信任两项。当员工力量越强,则在协商过程中更容易迫使相关责任人调整不公正对待的决策,并与自身认定的公正对待的规范越接近;当员工与相关责任人之间信任程度越高,则相关责任人也更愿意对相关的决策进行调整。

② 影响调整难度的因素包括成本和差距两项。如果调整需要耗费相关责任人越高的成本,则申诉中双方达成一致的可能性越低;当相关责任人的决策与员工认定的公正对待规范之间差距越大,则调整后达成一致的难度也就越大。

(3) 相关变量影响申诉效果的结果。基于上述申诉效果的影响机制和本次调查搜集的员工申诉的数据(申诉者 $n=306$;申诉次数 $n=414$),研究结果证实员工的外向性、尊从权威价值观、申诉方式(正式申诉还是非正式申诉)、组织是否有申诉体系、不公正事件责任人和负面影响程度是影响员工申诉效果的重要因素。具体来说:

① 当组织为不公正事件责任人时，不公正对待多为组织层面的相关管理制度或政策，因此调整相关决策难度更大、成本更高，故申诉成功的可能性更小。

② 不公正事件负面影响程度越高，则调整后不劣于员工认定的公正对待规范的难度也会越大，故申诉成功的可能性就越小。

③ 员工外向性水平越高，则沟通能力越强，和上级建立信任关系的可能性也会越高，故申诉成功的可能性也越大。

④ 员工尊从权威价值观的水平越高，则更容易建立和相关责任人的双向信任关系，因此申诉成功的可能性更大。

⑤ 当员工使用正式申诉时，以及组织有申诉体系时，会提高员工的申诉力量，故申诉成功的可能性也更高。

因此，组织可以通过提高员工与上级和组织的信任水平，或通过建立或完善相关机制和措施来提高员工的协商力量，则可以显著提高员工的申诉效果。

(4) 申诉效果对员工相关工作态度和行为的影响。本次调查结果表明通过申诉使得争议满意解决，则会显著提高员工对上级和组织信任以及工作满意度和组织承诺。因此，组织采取针对性措施来提高员工的申诉效果，并解决员工遭遇的不公正对待是非常必要的。

9.1.5 报复和补偿

(1) 报复和补偿的内涵。报复的发生是由于员工的申诉行为给相关责任人利益造成了负面影响，责任人对申诉员工的惩罚。补偿是由于责任人认为无法完全弥补员工利益的损失，故在申诉后私下给予员工的额外补偿。

(2) 报复和补偿的现状。

① 在选择申诉的 310 名员工中，认为被相关责任人报复的有 157 人，

占比 50.6%；认为被责任人给予补偿的有 53 人，占比 17.1%；认为和平时无差别的有 100 人，占比 32.3%。可以发现，认为遭到报复的员工比例要明显高于无差别和被给予补偿的员工比例。

② 有 158 名员工只选择了非正式申诉，其中 40.5%的员工认为被相关责任人施加了报复；18.5%的员工认为被相关责任人给予了补偿。有 152 人最终选择了正式申诉，其中 61.2%的员工认为被相关责任人施加了报复；15.8%的员工认为被相关责任人给予了补偿。可以发现，选择正式申诉更容易遭到相关责任人的报复，而更少给予补偿。

(3) 报复和补偿的产生机制。

① 相关责任人实施报复行为取决于责任人的报复意愿和报复机会。当责任人认为员工的申诉行为对其负面影响较大，则报复意愿相对更强；责任人的报复是对员工利益的再损害，因此可以影响员工利益的机会越多，则实施报复的可能性也就越大。

② 补偿行为取决于责任人的补偿意愿、补偿能力和补偿机会。当责任人认为员工的申诉行为对其负面影响较大，则给予员工补偿的意愿相对更低；当责任人拥有的补偿能力越强，即可以调动的资源越充足，则给予员工补偿的可能性越高；责任人的补偿是对员工利益的再增加，因此可以影响员工利益的机会越多，则实施补偿的可能性也就越高。

(4) 相关变量影响报复和补偿的结果。基于上述员工报复和补偿的产生机制和调查搜集的申诉员工被报复和补偿的数据（申诉员工 $n=310$；被报复的员工 $n=157$；被补偿的员工 $n=53$），研究结果证实员工随和性、外向性、尊从权威价值观、申诉方式（正式申诉还是非正式申诉）、不公正事件责任人和负面影响程度是影响员工是否被责任人报复和补偿的重要因素。具体来说：

① 员工如果选择正式申诉，则对相关责任人负面影响程度更大，故被报复的可能性更高。

② 当责任人为上级时，由于申诉的目标明确，并且上级和员工的互动机会更多，因此当上级为责任人时，报复意愿和报复机会都相对较高，故实施报复的可能性也更大。

③ 员工经历不公正事件的负面影响程度越大，则申诉对责任人形象负面影响越大，且纠正其决定所耗费的资源应更多，故责任人报复意愿更高，实施报复的可能性也更大；而责任人补偿意愿更低，实施补偿的可能性更小。

④ 员工随和性越高、尊从权威价值观的水平越高，则申诉时更愿意站在相关责任人立场，故申诉对责任人负面影响的程度更小，因此责任人报复的意愿更低，实施报复的可能性也更小；而责任人补偿意愿更高，实施补偿的可能性更大。

⑤ 员工外向性越强，则通过其沟通能力降低申诉中发生冲突的可能性越高，也越容易和责任人建立信任关系，故申诉后责任人报复的意愿更低，实施报复的可能性也更小；而补偿的意愿更高，实施补偿的可能性更高。

因此，组织应采取措施促进员工和上级与组织之间的互信水平，以降低员工申诉过程中对相关责任人的负面影响程度，并进而降低申诉员工被报复的可能性。另外，组织完善相关申诉体系以保障申诉者权益也是尤为必要的。

(5) 报复和补偿对员工相关工作态度和行为的影响。员工申诉后如果被责任人给予私下补偿，往往会提高员工对上级和组织的信任和工作满意度；如果员工申诉后责任人施加报复，则员工工作满意度会下降，且工作偏差行为会提高。因此，组织及时采取针对性措施来降低员工被报复的可能性是非常必要的。

9.2 研究不足与未来研究的建议

本研究在研究设计上仍有局限性和不足之处，后续研究可以在此基础上进行完善或进行更深入的讨论。

9.2.1 研究设计

(1) 样本。本次调查的数据是通过在线调查完成的,故很难保证样本的随机性,有可能存在被调查者因为遭遇过不公正对待,而更愿意接受调查,从而导致调查样本中遭遇过不公正对待的员工比例更高,从而影响本文研究结果的可靠性。

(2) 横截面研究。在调研设计上,本文只有一次取样,因此无法明确相关变量之间的因果关系。例如根据本课题的研究假设,员工力量越强则申诉效果越好,但由于申诉效果是员工根据回忆填答的,而力量是员工评价当前的情况(根据员工判断自己在劳动市场的就业机会来衡量),会存在员工根据申诉效果,推断自己力量的可能(例如,申诉效果较好则认为自己的协商力量更强,因此认为自己在劳动市场会很有竞争力)。因此,后续的实地研究可以采取两次或三次取样,则可以避免横截面研究的局限。

(3) 模型构建。由于篇幅限制,本课题研究在模型构建和假设提出时,都只考虑了相关变量影响的主效应,而忽略了可能存在的相关变量的调节效应。例如,第 8 章(报复和补偿)的研究结果表明:集体主义文化程度越高,则申诉员工被报复的可能性就越低。该结果和本课题研究提出的假设(集体主义文化程度越高,则报复可能性越高)是不一致的,后续研究可以增加其他调节变量,考察在这些调节变量的作用下,集体主义文化与报复行为的影响方向。另外,本课题研究在假设提出和结果验证中,都只是考察了相关变量之间的线性关系,但变量之间可能存在复杂的非线性关系。例如,郑晓涛等(2017a)的研究即发现:当员工遭遇上级不公正对待后,领导成员交换关系(LMX)与员工沉默倾向存在倒 U 型关系;而当员工遭遇组织不公正对待时,合作劳动关系氛围与员工沉默倾向存在倒 U 型关系。后续研究可以考察下相关变量之间是否存在“过犹不及”(too-much-of-a-good-thing effect)(Pierce 和 Aguinis, 2013)的因果关系。

9.2.2 变量测量

(1) 信度和效度。在相关变量的调研上，为了降低填答者的填答负担(Bergkvist 和 Rossiter, 2007)、降低样本偏差并提升数据搜集质量(Postmes, Haslam 和 Jans, 2013)，一些变量的测量工具在预试后删掉了部分测量题目(例如外向性和随和性)，甚至部分变量的测量只保留了单一条目(例如集体主义文化、组织承诺和工作满意度)，这会影响相关变量的信度和效度水平(Bergkvist 和 Rossiter, 2007)(例如在本次调查中随和性和尊从权威的内部一致性信度略低于 0.7)，并进而影响研究结果的可靠性。因此，后续研究可以在本文基础上，在不影响填答者负担的情况下，增加关键变量的填答项目，以提高这些变量的测量信度和效度。

(2) 不公正对待。本课题研究将过去一年中对员工负面影响程度最大的不公正事件的属性特征(责任人、负面影响程度)作为影响员工反应路径的最直接变量，但并没有考查员工以往遭遇不公正对待的经历对其反应路径的影响。例如员工会根据以往遭遇不公正事件的申诉效果以及申诉后相关责任人的报复和补偿来选择此次不公正事件的反应方式。另外，多次不公正对待对员工的负面影响会有累积效应，员工可能会根据累积的负面影响而非某次不公正对待的负面影响来选择反应方式，也即压垮骆驼的并不是最后一根稻草。因此，后续研究应增加以往不公正对待累积效应的考察。

(3) 反应路径。本课题研究通过对员工和管理者的预调查开发了员工在组织内遭遇上级或组织不公正对待后的 11 种反应路径，本课题研究认为仍有下列两种情况的信息遗漏：

① 群体申诉。本次研究的对象是单个员工遭遇不公正对待后的反应路径，并没有考虑某些不公正事件可能存在群体影响效应，例如组织为不公正对待责任人时，由于组织制定的某个管理制度或政策可能侵害多个员

工利益，从而引发群体申诉。群体申诉下显然会放大单个员工申诉的协商力量，从而导致不一样的反应路径和申诉效果。因此，后续研究可以增加不公正事件的影响范围作为不公正事件的属性变量。

② 第三方协助的非正式申诉。员工在申诉过程中，有时并非独自实施，例如当上级为不公正对待责任人时，员工可以委托同事单独和上级进行沟通，此时的申诉效果并不仅由员工的个人特征变量(例如力量)来决定，而是累加了同事力量的影响(上级可能考虑给同事“面子”，而调整某些决策)；当组织为不公正对待负责人时，员工可以通过上级和管理层反映问题，例如 Olson-Buchanan 和 Boswell(2002)的调查即发现 34%的非正式申诉是员工委托上级和责任人进行沟通的，此时的申诉效果也不由员工个人的特征变量来决定。因此后续研究还需要在反应路径设计上增加更多的维度。

(4) 申诉效果。本次调查的申诉效果也存在一定的局限：首先，申诉效果被整合进 11 种反应路径中，故申诉效果是二分变量(满意和不满意)，因此必然带来信息的损失，后续研究可以考虑将申诉效果剥离出反应路径的测量中，使用多维度或多项目的李克特量表单独评价员工申诉效果，例如“速度”“满意”“公平”等(Budd 和 Colvin, 2008; Walker 和 Hamiltion, 2010)。另外，本次调查由于研究范围划定在组织内，因此在反应路径中没有调查员工使用组织外申诉的申诉效果，后续研究可以考虑增加组织外申诉的效果评价。

(5) 申诉体系。和申诉效果的测量类似，本课题研究对申诉体系的测量同样只考察了组织是否存在申诉体系，而没有测量申诉体系的有效性。后续研究可以考虑在此基础上增加申诉体系有效性的测量，例如“容易使用”“公平和可信赖的”以及“安全，不会被报复”等(Blancero 和 Dyer, 1996)。

(6) 报复和补偿。此次调查中对于报复和补偿的调查过于简单，仍存在进一步改善的空间。具体陈述如下：

① 本课题研究通过对员工和管理者的访谈，分别使用“穿小鞋”和“额外照顾”作为相关责任人报复和补偿的关键行为，但由于只是单个项目的测量，会显著降低测量工具的信度和效度。因此，后续研究应在“穿小鞋”和“额外照顾”基础上开发多项目的测量工具，以提高报复和补偿测量的可靠性。

② 本课题研究将报复和补偿合并为一题进行测量，即当员工遭遇责任人报复时，说明责任人认为员工的申诉给其带来了较大的负面影响，因此不会再给予员工补偿；当责任人给予员工补偿时，说明责任人认为员工的申诉对于其负面影响较小，因此应该也不会再进行报复。但由于华人背景下普遍存在的家长式领导风格的影响，即将父亲般的仁慈和森严的纪律与权威融合在一起（Farh 和 Cheng，2000），对员工进行恩威并施，那么员工申诉后有可能同时遭遇报复和补偿。因此，后续研究可以将报复和补偿分开测量。

③ 此次调查只是考察了报复和补偿的频次，比如“1～2 次”“有时”“经常”等。但报复和补偿对员工的影响程度却没有调查，可能会存在只有 1 次补偿，但对员工的利益影响较大；也可能存在经常给予补偿，但每次补偿给员工的利益增量非常有限，即便累积起来可能也不大。因此，后续研究应增加对报复和补偿累积效应的考察，以更好的评估相关变量对责任人报复和补偿的影响，以及报复和补偿对员工相关工作态度和行为的影响。

参考文献

[1] 陈建安，陶雅，陈瑞.工作场所中年龄多元化前沿探析及其管理启示[J].管理评论，2017，29(7)：148-162.

[2] 程延园，王甫希.变革中的劳动关系研究：中国劳动争议的特点与趋向[J].经济理论与经济管理，2012，8：5-19.

[3] 丁秀峰.心理测量学[M].河南大学出版社，2001.

[4] 冯明，付茂华，尹明鑫.基于行业特征的制造业管理胜任力研究[J].科学与科学技术管理，2007，28(12)：140-144.

[5] 冯涛，李青俊.高技术企业人力资本产权化对企业产权结构和绩效的影响分析[J].当代经济科学，2001，23(4)：38-44.

[6] 郭晓薇.儒家价值观与生产偏差：工作满意度的中介效应[J].经济管理，2011，5：103-109.

[7] 韩翼，谢怡敏.组织异议研究述评与展望[J].外国经济与管理，2015，37(11)：50-62.

[8] 李超平，李晓轩，时勘，陈雪峰.授权的测量及其与员工工作态度的关系[J].心理学报，2006，38(1)：99-106.

[9] 李锐，凌文辁，柳士顺.上司不当督导对下属建言行为的影响及其作用机制[J].心理学报，2009，41(12)：1189-1202.

[10] 李锐，凌文辁，柳士顺.组织心理所有权的前因与后果：基于“人—境互动”的视角[J].心理学报，2012，9：1202-1216.

[11] 林帼儿，陈子光，钟建安.组织公平文献综述及未来的研究方向[J].心理科学，2006，29(4)：1016-1018.

[12] 刘湘国，袁仕福.民营企业劳资冲突的形式及其原因分析[J].嘉兴学院学报，2005，14(7)：62-65.

[13] 刘小平.组织承诺研究综述[J].心理学动态，1999，7(4)：31-37.

[14] 刘小禹，刘军.雇佣关系的变迁：员工性别、价值观及工作经历的影响模式[J].系统工程理论与实践，2008，28(5)：29-36.

[15] 吕庆燕，王有智，王振宏.个体主义与集体主义文化模式下的情绪差异性[J].兰州大学学报(社会科学版)，2010，38(6)：90-94.

[16] 米尔斯.劳工关系[M].机械工业出版社，2000.

[17] 任华亮，邵建平，邱超.薪酬分配外部公平性对不同类别高学历员工的影响研究[J].科技管理研究，2009，29(5)：357-359.

[18] 王芳.女性员工性别角色对工作绩效影响的研究[J].商业经济研究，2010，34：89-90.

[19] 王怀勇，刘永芳.归因特性对组织公正感的影响[J].心理科学，2010，1：83-86.

[20] 王庆娟，张金成.工作场所的儒家传统价值观：理论、测量与效度检验[J].南开管理评论，2012，15(4)：66-79.

[21] 王苏斌，郑海涛，邵谦谦.SPSS统计分析[M].机械工业出版社，2003.

[22] 魏下海，董志强，金钊.工会改善了企业雇佣期限结构吗？——来自全国民营企业抽样调查的经验证据[J].管理世界，2015，5：52-62.

[23] 吴明隆.SPSS统计应用实务——问卷分析与应用统计[M].科学出版社，2003.

[24] 吴宗佑，周丽芳，郑伯埙.主管的权威取向及其对部属顺从与畏惧的知觉对威权领导的预测效果[J].本土心理学研究，2008，30：65-115.

[25] 奚从清.角色论：个人与社会的互动[M].浙江大学出版社，2010.

[26] 杨云.酒店员工性别、薪酬差异对离职行为影响研究[J].旅游学刊，2014，29(4)：38-47.

[27] 姚唐，黄文波，范秀成.基于组织承诺机制的服务业员工忠诚度研究[J].管理世界，2008，5：102-114.

[28] 余勃.企业管理视角下的制造业“民工荒”[J].农业经济，2017，10：76-78.

[29] 于米，佟安琪.工会化程度、劳动争议与经济增长——基于2000-2008年的面板数据[J].经济问题，2012，1：7-20.

[30] 曾楚宏，李青，朱仁宏.家长式领导研究述评[J].外国经济与管理，2009，31(05)：38-44.

[31] 张士菊，廖建桥.管理理念对心理契约破裂的影响：国有企业和民营企业的比较[J].商业经济与管理，2010，1(2)：30-36.

[32] 赵琪，范德成.我国民营企业员工流失问题研究[J].现代管理科学，2009(12)：87-88.

[33] 郑伯埙，周丽芳，黄敏萍，樊景立，彭泗清.家长式领导的三元模式：中国大陆企业组织的证据[J].本土心理学研究，2003，20：209-252.

[34] 郑晓涛，柯江林，石金涛，郑兴山.中国背景下员工沉默的测量以及信任对其的影响[J].心理学报，2008，40(2)：219-227.

[35] 郑晓涛，俞明传，孙锐.LMX和合作劳动关系氛围与员工沉默倾向的倒U型关系验证[J].软科学，2017a，31(9)：88-92.

[36] 郑晓涛，俞明传，王绮，孙锐.中国背景下员工力量和申诉体系有效性对员工申诉行为的影响[J].珞珈管理评论，2017b，3(22)：33-47.

[37] ADAMS J S. Inequity in social exchange[M]. In Berkowitz L (Ed.), Advances in experimental social psychology. New York: Academic Press, 1965.

[38] ALESINA A, GIULIANO P, NUNN N. On the origins of gender

roles: women and the plough [J]. The Quarterly Journal of Economics, 2013, 128(2):469-530.

[39] ALLEN R E, KEAVENY T J. Factors differentiating grievants and non-grievants[J]. Human Relations, 1985, 38(6): 519-534.

[40] ANGLE H L, PERRY J L. An empirical assessment of organizational commitment and organizational effectiveness [J]. Administrative Science Quarterly, 1981, 26(1): 1-15.

[41] BACHARACH S B, BAMBERGER P. The power of labor to grieve the impact of the workplace, labor market, and power-dependence on employee grievance filing[J]. Industrial and labor Review, 2004, 57(4): 518-539.

[42] BACHARACH S B, LAWLER E J. Power and politics in organizations[M]. San Francisco: Jossey-Bass, 1981.

[43] BAMBERGER P, KOHN E, NAHUM-SHANI I. Aversive workplace conditions and employee grievance filing the moderating effects of gender and ethnicity[J]. Industrial Relations, 2008, 47 (2): 229-259.

[44] BARCLAY L J, SKARLICKI D P, PUGH S D. Exploring the role of emotions in injustice perceptions and retaliation[J]. Journal of Applied Psychology, 2005, 90(4): 629-643.

[45] BARRETT-HOWARD E, TYLER T R. Procedural justice as a criterion in allocation decisions[J]. Journal of Personality and Social Psychology, 1986, 50(2): 296-304.

[46] BEMMELS B. Attribution theory and discipline arbitration [J]. Industrial and Labor Relations Review, 1991, 44: 548-562.

[47] BEMMELS B. The determinants of grievance initiation [J].

Industrial and Labor Relations Review, 1994, 47: 285-301.

[48] BEMMELS B, FOLEY J R. Grievance procedure research: a review and theoretical recommendations [J]. Journal of Management, 1996, 22: 359-384.

[49] BEMMELS B, RESHEF Y, STRATTON-DEVINE K. The roles of supervisors, employees, and stewards in grievance initiation[J]. Industrial and Labor Relations Review, 1991, 45(1): 15-30.

[50] BERGKVIST L, ROSSITER J R. The predictive validity of multiple-item versus single-item measures of the same constructs [J]. Journal of Marketing Research, 2007, 44(2): 175-184.

[51] BLANCERO D, DYER L. Due process for nonunion employees: The influence of system characteristics on fairness perceptions [J]. Human Resource Management, 1996, 35: 343-359.

[52] BOROFF K E, LEWIN D. Loyalty, voice, and intent to exit a firm: a conceptual and empirical analysis[J]. Industrial and Labor Relations Review, 1997, 51(1): 50-63.

[53] BOSWELL W R, OLSON-BUCHANAN J B. Experiencing mistreatment at work: the role of grievance filing, nature of mistreatment, and employee withdrawal [J]. Academy of Management Journal, 2004, 47(1): 129-139.

[54] BUDD J W, COLVIN A J S. Improved metrics for workplace dispute resolution procedures: efficiency, equity, and voice[J]. Industrial Relations, 2008, 47: 460-479.

[55] CAPPELLI P, CHAUVIN K. A test of an efficiency model of grievance[J]. Industrial and labor Review, 1991, 45(1): 3-14.

[56] CARMINES E G, ZELLER R A. Reliability and validity assessment

[J]. Beverly Hills Calif, 1979, 33(1):775-780.

[57] CHATMAN J A, JEHN K A. Assessing the relationship between industry characteristics and organizational culture: how different can you be? [J]. Academy of Management Journal, 1994, 37(3): 522-553.

[58] COHEN R J, SWERDLIK M E. Psychological testing and assessment: an introduction to tests and measurement, 5th ed. [J]. Psyccritiques, 2005, 42(5):568-568.

[59] COLQUITT J A, CONLON D E, WESSON M J, PORTER C O L H, NG K Y. Justice at the millennium: A meta-analytic review of 25 years of organizational justice research[J]. Journal of Applied Psychology, 2001, 86(3): 425-445.

[60] COLVIN A J S. The dual transformation of workplace dispute resolution[J]. Industrial Relations, 2003, 42(4): 712-735.

[61] COOKE F L. New dynamics of industrial conflicts in China: causes, expressions and resolution alternatives [M]. New Forms and Expressions of Conflict at Work. Palgrave Macmillan, 2013.

[62] COOKE F L, XIE Y, DUAN H. Workers grievances and resolution mechanisms in Chinese manufacturing firms: key characteristics and the influence of contextual factors[J]. The International Journal of Human Resource Management, 2016, 27(18): 2119-2141.

[63] CORTINA L M, MAGLEY V J. Raising voice, risking retaliation: events following interpersonal mistreatment in the workplace [J]. Journal of Occupational Health Psychology, 2003, 8(4):247-265.

[64] COSTA P T, MECRAE R R. The neo-personality inventory manual

[M]. Odessa, FL, 1985.

[65] DASTMALCHIAN A, NG I. Industrial relations climate and grievance outcomes[J]. Relations Industrielles, 1990, 45: 311-325.

[66] DUNDON T, ROLLINSON D. Understanding employment relations[M]. McGraw-Hill Education, UK, 2011.

[67] Emerson R M. Exchange theory (part 1and 2) [M]. In Berger J, Zelditch M, Anderson B (Eds.), Sociological theories in progress (Vol. 2), Boston: Houghton Mifflin, 1972.

[68] EPSTEIN R L. The grievance procedure in the nonunion setting: caveat employer[J]. Industrial Relations Law Journal, 1975, 1(1): 120-127.

[69] FARH J L, CHENG B S A. Cultural analysis of paternalistic leadership in Chinese organizations[M]. In Li J T, Tsui A S, Weldon E (Eds.). Management and organizations in the Chinese context. London: Macmillan, 2000.

[70] FARRELL D. Exit, voice, loyalty, and neglect as responses to job dissatisfaction: a multidimensional scaling study[J]. Academy of Management Journal, 1983, 26(4): 596-607.

[71] FEUILLE P, HILDEBRAND R L. Grievance procedures and dispute resolution[M]. In Ferris G R, Rosen S D, Barnum D T (Eds.), Handbook of Human Resource Management. London: Blackwell Sage, 1995.

[72] FINKELSTEIN L M, BURKE M J, RAJU M S. Age discrimination in simulated employment contexts: an integrative analysis [J]. Journal of Applied Psychology, 1995, 80(6):652-663.

[73] FLORY J A, LEIBBRANDT A, LIST J A. Do competitive

workplaces deter female workers? a large-scale natural field experiment on job entry decisions[J]. Review of Economic Studies, 2015, 82(1): 122-155.

[74] FOLGER R, CROPANZANO R. Organizational justice and human resource management[M]. Thousand Oaks, CA: Sage, 1998.

[75] FOLGER R, CROPANZANO R. Fairness theory: justice as accountability[M]. In Greenberg J, Cropanzano R (Eds.), Advances in Organizational Justice. Stanford, CA: Stanford University Press, 2001.

[76] FREEMAN R B, MEDOFF J L. What do unions do? [M]. New York: Basic Books, 1984.

[77] FROHMAN A L. Igniting organizational change from below: the power of personal initiative[J]. Organizational Dynamics, 1997, 25(3): 39-53.

[78] FRONE M R. Interpersonal conflict at work and psychological outcomes: testing a model among young workers[J]. Journal of Occupational Health Psychology, 2000, 5(2): 246-255.

[79] GNEEZY U, LEONARD K L, LIST J A. Gender differences in competition: evidence from a matrilineal and a patriarchal society [J]. Econometrica, 2009, 77(5):1637-1664.

[80] GORDON M E, BOWLBY R L. Reactance and intentionality attributions as determinants of the intent to file a grievance[J]. Personnel Psychology, 1989, 42(2): 309-329.

[81] GORDON M E, MILLER S J. Grievances: a review of research and practice[J]. Personnel Psychology, 1984, 37(1): 117-46.

[82] GORDON R A, ARVEY R D. Age bias in laboratory and field

settings: a meta-analytic investigation[J]. Journal of Applied Social Psychology, 2004, 34(3): 468-492.

[83] GOULDER A W. The norm of reciprocity: a preliminary statement [J]. American Sociological Review, 1960, 25(2): 161-178.

[84] GREENBERG J, BARON R A. Behavior in organizations: Understanding and managing the human side of work[M]. New Jersey: Prentice-Hall, Inc, 1997.

[85] HAGEDOORN M, VAN YPEREN N W, VAN DE VLIERT E, BUUNK B P. Employees' reaction to problematic events: a circumplex structure of five categories of responses, and the role of job satisfaction[J]. Journal of Organizational Behavior, 1999, 20 (3): 309-321.

[86] HAYWARD B, PETERS M, ROUSSEAU N, SEEDS K. Findings from the survey of employment tribunal applications [M]. Employment Relations Research Series (33). London: DTI, 2004.

[87] HIRSCHMAN A O. Exit, voice, and loyalty: responses to decline in firms, organizations, and states[M]. Harvard University Press, 1970.

[88] HOUSE R J, HANGES P J, JAVIDAN M, DORFMAN P W, GUPTA V. Culture, leadership and organizations: the globe study of 62 societies[M]. Thousand Oaks, CA: Sage Publications, 2004.

[89] HOUSE R J, RIZZO J R. Role conflict and ambiguity as critical variables in a model of organizational behavior[J]. Organizational Behavior and Human Performance Process, 1972, 7(3): 467-505.

[90] KASSING J W. Articulating, antagonizing, and displacing: a model of employee dissent[J]. Communication Studies, 1997, 48(7): 311-

332.

[91] KASSING J W, KAVA W. Assessing disagreement expressed to management: development of the upward dissent scale [J]. Communication Research Reports, 2013, 30(1): 46-56.

[92] KELLEY H H. Attribution theory in social psychology[M]. In Levine D (Eds.), Nebraska Symposium on Motivation. Lincoln: University of Nebraska Press. 1967.

[93] KLAAS B S Determinants of grievance activity and the grievance system's impact on employee behavior: An integrative perspective [J]. Academy of Management Review, 1989, 14(3): 445-458.

[94] KLAAS B S, DENISI A. Managerial reactions to employee dissent: the impact of grievance activity on performance ratings[J]. Academy of Management Journal, 1989, 32(4): 705-718.

[95] KOWALSKI R M. Complaints and complaining: functions, antecedents, and consequences[J]. Psychological Bulletin, 1996, 119(2): 179-196.

[96] KRINGS F, SCZESNY S, KLUGE A. Stereotypical inferences as mediators of age discrimination: the role of competence and warmth [J]. British Journal of Management, 2011, 22(2): 187-201.

[97] KRISTORF A L, JANSEN K J, COLBERT A E. A policy-capturing study of the simultaneous effects of fit with jobs, groups, and organizations[J]. Journal of Applied Psychology, 2002, 87(5): 985-993.

[98] LEPINE J A, VAN DYNE L. Predicting voice behavior in work groups[J]. Journal of Applied Psychology, 1998, 83(6): 853-868.

[99] LEWIN D. Dispute resolution in the nonunion firm: a theoretical

and empirical analysis[J]. Journal of Conflict, 1987, 31(3): 465-502.

[100] LEWIN D. Dispute resolution in the non-union organization: key empirical findings [M]. In Sherwyn D, Estreicher S (Eds.), Alternative dispute resolution in the employment arena: Proceedings of New York university annual conference series. New York: Kluwer, 2004.

[101] LEWIN D. Unionism and employment conflict resolution: rethinking collective voice and its consequences[J]. Journal of Labor Research, 2005, 26(2): 209-239.

[102] LEWIN D, PETERSON R B. The Modern Grievance Procedure in the United States[M]. New York: Quorum Books, 1988.

[103] LEWIN D, PETERSON R B. Behavioral outcomes of grievance activity[J]. Industrial Relations, 1999, 38(4): 554-576.

[104] LIANG J, FARH C I C, FARH J L. Psychological antecedents of promotive and prohibitive voice: a two wave examination [J]. Academy of Management Journal, 2012, 55(1): 71-92.

[105] LOCKE E A. The nature and causes of job satisfaction[M]. In Dunnette M D (Ed.), Handbook of industrial and organizational psychology. Skokie, IL: Rand McNally, 1976.

[106] LUCHAK A A. What kind of voice do loyal employees use? [J]. British Journal of Industrial Relations, 2003, 41(1): 115-134.

[107] MAGENAU J M, PRUITT D G. The social psychology of bargaining[M]. In Stephenson G M, Brotherton C J (Eds.), Industrial Relations: A Social Psychology Approach. Wiley,

Chichester, 1979.

[108] MARCHINGTON M, WILKINSON A, ACKERS P, DUNDON T. Management Choice and employee voice[M]. CIPD Publishing, 2001.

[109] MCANDREW I. Adjudication in the employment tribunal: Some facts and figures on caseload and representation[J]. New Zealand Journal of Industrial Relations, 1999, 24: 365-382.

[110] MCCABE D L, DUTTON J E. Making sense of the environment: the role of perceived effectiveness[J]. Human Relations, 1993, 46(3): 623-643.

[111] MCCABE D M, LEWIN D. Employee voice: a Human resource management Perspective [J]. California Management Review, 1992, 34(3): 112-123.

[112] MELLAHI K, BUDHWAR P S, LI B. A study of the relationship between exit, voice, loyalty and neglect and commitment in India [J]. Human Relations, 2010, 63(3): 349-369.

[113] MEYER J P, ALLEN N J. Commitment in the workplace[M]. Thousand Oaks, CA: Sage. 1997.

[114] MOWDAY R T, STEERS R M, PORTER L W. The measurement of organizational commitment[J]. Journal of Vocational Behavior, 1979, 14(2): 224-247.

[115] NG I, DASTMALCHIA N A. Determinants of grievance outcomes: a case study[J]. Industrial and Labor Relations Review, 1989, 42: 393-403.

[116] OKIMOTO T G. Outcomes as affirmation of membership value: material compensation as an administrative response to procedural

injustice[J]. Journal of Experimental Social Psychology, 2008, 44(5): 1270-1282.

[117] OLSON-BUCHANAN J B. Voicing discontent: What happens to the grievance filer after the grievance? [J]. Journal of Applied Psychology, 1996, 81(1):52-63.

[118] OLSON-BUCHANAN J B. To grieve or not to grieve factors related to voicing discontent in an organizational simulation[J]. The International Journal of Conflict Management, 1997, 8(2): 132-147.

[119] OLSON-BUCHANAN J B, BOSWELL W R. The role of employee loyalty and formality in voicing discount[J]. Journal of Applied Psychology, 2002, 87(6): 1167-1174.

[120] PETERSON R B, LEWIN D. Research on unionized grievance procedures: management issues and recommendations[J]. Human Resource Management, 2000, 39(4): 395-406.

[121] PIERCE J R, AGUINIS H. The too much of a good thing effect in management[J]. Journal of Management, 2013, 39(2):313-338.

[122] POSTHUMA R A, CAMPION M A. Age stereotypes in the workplace: common stereotypes, moderators, and future research directions[J]. Journal of Management, 2009, 35(1): 158-188.

[123] POSTMES T, HASLAM S A, JANS L. A single-item measure of social identification: reliability, validity, and utility[J]. British Journal of Social Psychology, 2013, 52(4): 597-617.

[124] PRICE J L, MUELLER C W. Professional turnover: the case of nurses [J]. Möbius: A Journal for Continuing Education Professionals in Health Sciences, 1983, 3(2):97-99.

[125] REB J, GOLDMAN B M, KRAY L J, CROPANZANO R. Different wrongs, different remedies? reactions to organizational remedies after procedural and interactional injustice[J]. Personnel Psychology, 2006, 59(1): 31-64.

[126] ROCHE W K, TEAGUE P. Human resource management and ADR practices in Ireland[J]. The International Journal of Human Resource Management, 2012, 23(3): 528-549.

[127] ROMANO D M. The nature of trust: conceptual and operational clarification[D]. PhD Dissertation, Louisiana State University, 2003.

[128] SARIDAKIS G, SEN-GUPTA S, EDWARDS P, STOREY D. The impact of enterprise size on employment tribunal incidence and outcomes: evidence from Britain[J]. British Journal of Industrial Relations, 2008, 46: 469-499.

[129] SAUCIER G. Mini-markers: a brief version of Goldberg's unipolar big-five markers[J]. Journal of Personality Assessment, 1994, 63(3): 506-516.

[130] SHEPPARD B H, LEWICKI R J, MINTON J W. Organizational justice: the search for fairness in the workplace[M]. New York: Lexington Books, 1992.

[131] SKARLICKI D, ELLARD J H, KELLN B R C. Third-party perceptions of a layoff: procedural, derogation, and retributive aspects of justice[J]. Journal of Applied Psychology, 1998, 83(1): 119-127.

[132] SPECTOR P E. Job satisfaction: application, assessment, causes, and consequences[M]. Thousand Oaks, 1997.

[133] TODOR W D, OWEN C L. Deriving benefits from conflict resolution: a macro-justice approach[J]. Employee Responsibilities and Rights Journal, 1991, 4(1): 37-49.

[134] TORRINGTON D, HALL L, TAYLOR S, ATKINSON C. Fundamentals of human resource management: managing people at work[M]. Prentice Hall, 2008.

[135] TSUI A S, EGAN T D, O'REILLY III C A. Being different: relational demography and organizational attachment [J]. Administrative Science Quarterly, 1992, 37(4): 549-579.

[136] TURNER T, O'SULLIVAN M. Speaking up employee voice and attitudes to unions in a non-union US multinational firm [J]. Industrial Relations Journal, 2013, 44(2): 154-170.

[137] TYLER T R, DEGOEY P, SMITH H. Understanding why the justice of group procedures matters: a test of the psychological dynamics of the group-value model[J]. Journal of Personality and Social Psychology, 1996, 70(5): 913-930.

[138] VAN DYNE L, ANG S, BOTERO I C. Conceptualizing employee silence and employee voice as multidimensional constructs [J]. Journal of Managerial Studies, 2003, 9: 1359-1392.

[139] VROOM V H. Work and motivation [M]. New York: Wiley, 1964.

[140] WALKER B, HAMILTON R T. Employee-employer grievance: a review[J]. International Journal of Management Reviews, 2011, 13(1): 40-58.

[141] WANOUS J P, REICHERS A E, HUDY M J. Overall job satisfaction: how good are single-item measures? [J]. Journal of

Applied Psychology, 1997, 82(2): 247-252.

[142] WEISBERG J. Differential team work performance: the impact of general and specific human capital levels[J]. International Journal of Manpower, 1996, 17: 18-30.

[143] WEISS H M, CROPANZANO R. Affective events theory: a theoretical discussion of the structure, causes and consequences of affective experiences at work [J]. Research in Organizational Behavior, 1996, 18(3): 1-74.

[144] WHEELER H N. Punishment theory and industrial discipline [J]. Industrial Relations, 1976, 15(2): 235-243.

[145] WITHEY M J, COOPER W H. Predicting exit, voice, loyalty, and neglect[J]. Administrative Science Quarterly, 1989, 31: 521-539.

[146] ZHANG Y, HANNUM E. Marriage, parenthood, and labor outcomes for women and men[M]. In Besharov Douglas, Baehler Karen (Eds.), Chinese Social Policy in a Time of Transition, Oxford University Press, 2013.

[147] ZHU Y, KOU Y. Different interactional injustice, different organizational remedy? evidence from China[J]. Social Behavior and Personality: An international journal, 2014, 42(9): 1521-1535.

附　　录

调查问卷

尊敬的先生/女士：

本次研究希望了解员工激励的若干问题。调查所搜集的数据仅限于研究使用，题项并无对错之分。您的真实回答对我们的研究结果起到至关重要的作用，非常感谢您的配合。

第一部分

1. 在过去1年中您是否经历过上级（主管或经理）或单位（老板或管理层）的不公正对待，例如不公平薪酬、不公正任务分配、性别歧视等（具体示例可参考第2题）：

□是；　□否

如果选择“是”，则填答第2～7题，如果选择“否”，则填答第8～12题。

2. 请回忆过去1年中对您负面影响最大的1次不公正事件，请勾出属于下列哪种情况（只能勾选最符合的1个）。

□基本薪酬待遇；　□社会保险和福利待遇；

□绩效考核；　□工作任务（也包括工作地点）分配；

□晋升；　□工作条件（工作环境）；

□培训；　□工作时间和休假；

□处罚不当或无故解雇、降职；　□性别歧视；

□其他

3. 您认为此不公正对待的责任人应是：

□上级(直接主管或经理)　　　　　□单位(老板或单位管理层)

4. 此不公正对待事件对您的负面影响程度为：

□很小　□小　□较小　□一般　□较大　□大　□很大

5. 您在遭遇此不公正对待后的反应方式和最终的结果，下列 11 项中最符合的 1 项是：(　　)

(1) 保持沉默，对不公正结果只好选择接受。

(2) 和此不公正事件相关责任人私下沟通并得到满意解决。

(3) 先和此不公正事件相关责任人私下沟通，但并不满意沟通结果；但最终选择沉默，并对不公正结果只好选择接受。

(4) 先和此不公正事件相关责任人私下沟通，但并不满意沟通结果；然后选择通过单位内相关申诉机构或依照单位的申诉流程进行正式申诉并得到满意解决。

(5) 先和此不公正事件相关责任人私下沟通，但并不满意沟通结果；然后选择通过单位内相关申诉机构或依照单位的申诉流程进行正式申诉，但不满意申诉结果；但最终选择沉默，并对不公正结果只好选择接受。

(6) 先和此不公正事件相关责任人私下沟通，但并不满意沟通结果；然后选择通过单位内相关申诉机构或依照单位的申诉流程进行正式申诉，但不满意申诉结果；最终寻求单位外相关机构协助解决遭遇的不公正对待。

(7) 先和此不公正事件相关责任人私下沟通，但并不满意沟通结果；然后选择寻求单位外相关机构协助解决遭遇的不公正对待。

(8) 直接通过单位内相关申诉机构或依照单位的申诉流程进行正式申诉并得到满意解决。

(9) 直接通过单位内相关申诉机构或依照单位的申诉流程进行正式申

诉,但不满意申诉结果;但最终选择沉默,并对不公正结果只好选择接受。

(10) 直接通过单位内相关申诉机构或依照单位的申诉流程进行正式申诉,但不满意申诉结果;最终寻求单位外相关机构协助解决遭遇的不公正对待。

(11) 直接选择单位外相关机构协助解决遭遇的不公正对待。

6. 如果上题您选择了第(1)、第(3)、第(5)、第(9)项,即最终保持了沉默,则下列关于您沉默原因的陈述,同意的请勾选。选择其他项请直接从第7题开始填答。

		非常不同意	不同意	比较不同意	一般	比较同意	同意	非常同意
1	因为即便讲了也不会改变现状,只能选择接受	1	2	3	4	5	6	7
2	因为如果继续深究下去,会得罪领导或某些同事,所以放弃	1	2	3	4	5	6	7
3	因为没必要讲,我相信相关领导或同事会发现错误并纠正错误,或未来给予我其他形式的补偿	1	2	3	4	5	6	7

7. 在您对此不公正对待采取了相关反应(即您在第5题中选择的最符合的1种反应方式)之后,您能感觉到该不公正对待事件的责任人(上级或单位管理层)和以往相比:

□经常给我"穿小鞋" □有时会给我"穿小鞋"

□有过1～2次给我"穿小鞋" □和平时没差别

□给过我1～2次额外照顾 □有时会给我额外照顾

□经常给我额外照顾

8. 假设在您目前的单位发生了这样一件事情："您发现，相对本部门的其他岗位，您目前工作任务较为繁重，工作付出和所得相对其他岗位来说并不公平。同时您了解到任务和奖金的决定权在您上级（直接主管或经理）手中"。那么，在此虚拟情境下，您预计您会采取的反应方式和可能的结果，下列 11 项中最符合的 1 项是：（　　）

（1）保持沉默，对不公正结果只好选择接受。

（2）和此不公正事件相关责任人私下沟通并得到满意解决。

（3）先和此不公正事件相关责任人私下沟通，但并不满意沟通结果；但最终选择沉默，并对不公正结果只好选择接受。

（4）先和此不公正事件相关责任人私下沟通，但并不满意沟通结果；然后选择通过单位内相关申诉机构或依照单位的申诉流程进行正式申诉并得到满意解决。

（5）先和此不公正事件相关责任人私下沟通，但并不满意沟通结果；然后选择通过单位内相关申诉机构或依照单位的申诉流程进行正式申诉，但不满意申诉结果；但最终选择沉默，并对不公正结果只好选择接受。

（6）先和此不公正事件相关责任人私下沟通，但并不满意沟通结果；然后选择通过单位内相关申诉机构或依照单位的申诉流程进行正式申诉，但不满意申诉结果；最终寻求单位外相关机构协助解决遭遇的不公正对待。

（7）先和此不公正事件相关责任人私下沟通，但并不满意沟通结果；然后选择寻求单位外相关机构协助解决遭遇的不公正对待。

（8）直接通过单位内相关申诉机构或依照单位的申诉流程进行正式申诉并得到满意解决。

（9）直接通过单位内相关申诉机构或依照单位的申诉流程进行正式申诉，但不满意申诉结果；但最终选择沉默，并对不公正结果只好选择接受。

（10）直接通过单位内相关申诉机构或依照单位的申诉流程进行正式申

诉，但不满意申诉结果；最终寻求单位外相关机构协助解决遭遇的不公正对待。

(11) 直接选择单位外相关机构协助解决遭遇的不公正对待。

9. 如果上题您选择了第(1)、第(3)、第(5)、第(9)项，即最终保持了沉默，则下列关于您沉默原因的陈述，同意的请勾选。选择其他项请直接从第10题开始填答。

序号		非常不同意	不同意	比较不同意	一般	比较同意	同意	非常同意
(1)	即便讲了也不会改变现状，只能选择接受	1	2	3	4	5	6	7
(2)	如果继续深究下去，会得罪领导或某些同事，所以放弃	1	2	3	4	5	6	7
(3)	没必要讲，我相信相关领导或同事会发现错误并纠正错误，或未来给予我其他形式的补偿	1	2	3	4	5	6	7

10. 您认为此虚拟的不公正对待事件对您的负面影响程度为：

□很小 □小 □较小 □一般 □较大 □大 □很大

11. 假设在您目前的单位发生了这样一件事情："您发现，相对单位的其他岗位，您目前工作任务较为繁重，工作付出和所得相对单位其他岗位来说并不公平。同时您了解到岗位职责和岗位工资的决定权在单位管理层手中"。那么，在此虚拟情境下，您预计您会采取的反应方式和可能的结果，下列11项中最符合的1项是：(　　)

(1) 保持沉默，对不公正结果只好选择接受。

(2) 和此不公正事件相关责任人私下沟通并得到满意解决。

(3) 先和此不公正事件相关责任人私下沟通，但并不满意沟通结果；但最终选择沉默，并对不公正结果只好选择接受。

(4) 先和此不公正事件相关责任人私下沟通，但并不满意沟通结果；然后选择通过单位内相关申诉机构或依照单位的申诉流程进行正式申诉并得到满意解决。

(5) 先和此不公正事件相关责任人私下沟通，但并不满意沟通结果；然后选择通过单位内相关申诉机构或依照单位的申诉流程进行正式申诉，但不满意申诉结果；但最终选择沉默，并对不公正结果只好选择接受。

(6) 先和此不公正事件相关责任人私下沟通，但并不满意沟通结果；然后选择通过单位内相关申诉机构或依照单位的申诉流程进行正式申诉，但不满意申诉结果；最终寻求单位外相关机构协助解决遭遇的不公正对待。

(7) 先和此不公正事件相关责任人私下沟通，但并不满意沟通结果；然后选择寻求单位外相关机构协助解决遭遇的不公正对待。

(8) 直接通过单位内相关申诉机构或依照单位的申诉流程进行正式申诉并得到满意解决。

(9) 直接通过单位内相关申诉机构或依照单位的申诉流程进行正式申诉，但不满意申诉结果；但最终选择沉默，并对不公正结果只好选择接受。

(10) 直接通过单位内相关申诉机构或依照单位的申诉流程进行正式申诉，但不满意申诉结果；最终寻求单位外相关机构协助解决遭遇的不公正对待。

(11) 直接选择单位外相关机构协助解决遭遇的不公正对待。

12. 如果上题您选择了第(1)、第(3)、第(5)、第(9)项，即最终保持了沉默，则下列关于您沉默原因的陈述，同意的请勾选。选择其他项请直接从"第二部分"开始填答。

序号		非常不同意	不同意	比较不同意	一般	比较同意	同意	非常同意
(1)	即便讲了也不会改变现状，只能选择接受	1	2	3	4	5	6	7
(2)	如果继续深究下去，会得罪领导或某些同事，所以放弃	1	2	3	4	5	6	7
(3)	没必要讲，我相信相关领导或同事会发现错误并纠正错误，或未来给予我其他形式的补偿	1	2	3	4	5	6	7

第二部分

请您选择您对下列各项叙述同意到什么程度？请在每题适当的号码上勾选。

序号	项目	非常不同意	不同意	比较不同意	一般	比较同意	同意	非常同意
1	我富有同情心	1	2	3	4	5	6	7
2	我很容易原谅别人	1	2	3	4	5	6	7
3	我对别人体贴和温和	1	2	3	4	5	6	7
4	我很健谈	1	2	3	4	5	6	7
5	我很爱结交新朋友	1	2	3	4	5	6	7
6	我待人很热情，性格活泼	1	2	3	4	5	6	7
7	我很容易找到一个和现有工作一样好的工作	1	2	3	4	5	6	7
8	我很容易找到一个比现有工作还好的工作	1	2	3	4	5	6	7
9	我很容易找到一个比现有工作好的多的工作	1	2	3	4	5	6	7

（续表）

序号	项目	非常不同意	不同意	比较不同意	一般	比较同意	同意	非常同意
10	尊重、服从领导是美德	1	2	3	4	5	6	7
11	个人利益应服从部门或单位的利益	1	2	3	4	5	6	7
12	就算上级或单位有错，员工也应尽量服从	1	2	3	4	5	6	7
13	我的上级会保护我的利益	1	2	3	4	5	6	7
14	我的上级会站在我的立场上想问题	1	2	3	4	5	6	7
15	我信任我的上级	1	2	3	4	5	6	7
16	我的单位会保护员工的利益	1	2	3	4	5	6	7
17	我的单位会站在员工的立场上想问题	1	2	3	4	5	6	7
18	我信任我所在的单位	1	2	3	4	5	6	7
19	总体而言，我喜欢在这里工作	1	2	3	4	5	6	7
20	我对这家单位有着深厚的感情	1	2	3	4	5	6	7
21	只要影响不大，我故意以较低的工作品质完成工作任务	1	2	3	4	5	6	7
22	只要不影响我，我就不报告工作中发现的问题，就任由事态变糟	1	2	3	4	5	6	7
23	我故意拖延完成手边的工作	1	2	3	4	5	6	7
24	在我们面前，上级常常表现出一副威严的样子	1	2	3	4	5	6	7
25	如果任务没有按照上级的要求完成时，上级会严厉批评我	1	2	3	4	5	6	7
26	上级要求我必须毫无异议的服从他/她的领导	1	2	3	4	5	6	7
27	在我们单位，鼓励个人利益服从集体利益	1	2	3	4	5	6	7

28. 据我了解，单位有正式的申诉系统来处理员工的申诉，例如有相关部门（比如工会、行政部等）或相关申诉流程：

□有；　　　　　　　　　　□没有

第三部分

1. 性别：

□男性　　　　　　　　　　□女性

2. 年龄：

□25 岁及以下　　　　　　□26～30 岁

□31～40 岁　　　　　　　□40 岁及以上

3. 教育程度：

□高中及以下　　□大专或本科　　□硕士或博士

4. 进入本单位的年数：

□1 年以下　　□1～3 年　　□3～5 年

□5～10 年　　□10 年以上

5. 同现任上级共事时间：

□1 年以下　　□1～3 年　　□3～5 年

□5～10 年　　□10 年以上

6. 所在单位性质：

□行政、事业单位　　□国有企业　　□民营企业　　□三资企业

7. 单位所属行业：

□制造业　　　　　　　　　□服务业

8. 单位规模：

□20 人以下　　□20～100 人　　□100～300 人

□300～1 000 人　　□1 000 人以上